Oswald Schroeder

Mexiko

Reise durch das Land der Azteken

weitsuechtig

Oswald Schroeder

Mexiko

Reise durch das Land der Azteken

ISBN/EAN: 9783956560217

Auflage: 1

Erscheinungsjahr: 2012

Erscheinungsort: Bremen, Deutschland

weitsuechtig

Mit Camera und Feder durch die Welt.

Schilderungen von Land und Leuten nach eigenen Reiseerlebnissen.

Mexiko

Eine Reise durch das Land der Azteken.

Von

OSW. SCHROEDER

Inhaber der Kgl. Bayer. gold. Ludwigsmedaille für Kunst und Wissenschaft, Kgl. Sächs. und Kgl. Schwed. Hofphotograph etc.

Leipzig · Wanderer-Verlag G. m. b. H. · 1905

1. Mexikanerin.

Vorwort.

Die Werke eines Volkes, von dem wir nicht wissen, von wannen es kam, noch wohin es entschwand, sind es, denen wir in Mexiko gegenüberstehen; Vermächtnisse einer Nation liegen vor uns, von der die Überlieferung uns kaum einen Namen berichtet, noch uns eine Spur hinterlassen hat, die wir verfolgen könnten. Die halb vergessenen, vollständig vernachlässigten Monumente vergangener Jahrtausende, die einzig noch erhalten geblieben sind, erzählen uns Wunderdinge aus einer uralten Zeit. 'Was uns die Geschichte aus der ältesten Vergangenheit Mexikos zu berichten weiß, gehört in das Reich der Mythe, und fabelhaft erscheint uns alles, was uns in den verfallenen Ruinen, den alten Tempeln einer entschwundenen hohen Kultur entgegentritt. Es war einmal —, mit dieser märchenhaften Bezeichnung beginnen die Berichte über das wunderbare Reich der mexikanischen Ureinwohner.

Ich habe mich bei meinem Aufenthalte in dem Lande der Azteken eingehend mit den alten mexikanischen Bilderschriften beschäftigt, und sind mir auf diesem Gebiete, wie auch auf dem der Kunst und Architektur, die auffallendsten Ähnlichkeiten in Sitten und Gebräuchen der Ureinwohner Mexikos und denjenigen der alten Ägypter entgegengetreten, Analogien, die nicht selten so verblüffend sind, daß es recht schwer fällt, sich des Glaubens an eine Beeinflussung der Ägypter auf die altmexikanische Kultur zu entschlagen. Diese in den Vordergrund gestellten Betrachtungen haben mich veranlaßt, meine mexikanische Reise bald nach derjenigen ins Pharaonenland folgen zu lassen. Da dem Leser die Erörterungen über die kulturellen Verhältnisse der alten Ägypter noch frisch im Gedächtnis sein dürften, so wird ihm ein Vergleich mit diesen und den in Mexiko in Betracht kommenden Hypothesen leicht fallen.

Ich habe bei meiner Anwesenheit in Mexiko dies sagenumwobene Reich nach allen Richtungen durchstreift und in diesem Buche alle diejenigen Touren eingehend beschrieben, die für den Vergnügungsreisenden in Betracht kommen können — es sind dies aber auch zugleich die Touren, die durch ihren Zauber mir am besten geeignet erschienen, eine Reise durch das Land der Azteken zu einer genußreichen und ewig unvergeßlichen zu gestalten.

Der vor einigen Jahren eingerichtete Schnelldampferverkehr verbindet uns jetzt so direkt mit Mexiko, daß uns dieses noch lange nicht vollständig erschlossene Land, dem sich die Handelsinteressen Deutschlands in hervorragender Weise zugewandt haben, bedeutend näher gerückt ist.

Unter diesen Umständen gebe ich mich der Hoffnung hin, daß das vorliegende Buch als zeitgemäßer Beitrag seinen Zweck erfüllen möge.

Leipzig, im Oktober 1905. Osw. Schroeder.

Verzeichnis der Vollbilder.

Inhaltsverzeichnis.

Relief von der Pyramide zu Xochicalco*).

Nach Mexiko.

Der Gedanke, eine Reise nach den Gebieten dieses romantischen Landes zu unternehmen, hat sicher für jeden etwas ungemein Verlockendes. Wir sehen im Geiste vor uns ein Land in ewigem Sonnenschein erglänzend, dessen Strahlen eine üppige Baumwildnis und eine in glühenden Farben prangende Flora erstehen lassen, ein Land, dessen Bewohner feurig zu lieben und glühend zu hassen vermögen, die für ihr schönes Vaterland und die Freiheit ihr Leben zu lassen jeden Augenblick bereit sind. Erzählungen wilder Erlebnisse, aus jenen Zeiten stammend, wo die Zivilisation noch nicht in die unermeßlichen Distrikte dieses Landes gedrungen war, leben bei dem Ausrufe „nach Mexiko“ vor unserem Geiste wieder auf. Die phantastischen Schilderungen zahlreicher Beschwerden und Gefahren der Reisenden bei ihren Kreuz- und Querfahrten auf dem mexikanischen Hochplateau haben schon in der Jugend einen unverlöschlichen Eindruck auf uns gemacht. Ist auch heutzutage von Überfällen seitens der Indianerstämme und Räuberbanden, dank der umsichtigen und in Fällen der Not-

*) Aus Brockhaus' Konv.-Lexikon. 14. Aufl.

wendigkeit strengen Regierung des Präsidenten Porfirio Diaz, in Mexiko kaum noch die Rede, so ist der Name dieses Landes doch noch immer von einem geheimnisvollen, romantischen Hauche umweht. Nachdem seit den letzten 30 Jahren die riesigen Entfernungen zwischen Mexiko und den Vereinigten Staaten durch Anlegung eines ausgedehnten Eisenbahnnetzes in kurzer Zeit durcheilt werden können, hat sich auch das Interesse der Touristen der Republik Mexiko schnell zugewandt. Doch bevor wir nun unsere Reise dahin antreten, wollen wir uns mit den geographischen und historischen Verhältnissen Mexikos vertraut machen, deren eingehende Kenntnis bei einem Besuche Mexikos unerläßlich ist, wenn wir Land und Leute richtig verstehen wollen.

Das Land und seine Geschichte.

Geographische Gestalt des Landes. Das heutige Mexiko bedeckt noch einen Flächenraum von 1987324 qkm und wird östlich vom Golf von Mexiko und dem Karibischen Meere, südlich von Britisch Honduras und Guatemala, westlich vom Stillen Ozean und im Norden von den Vereinigten Staaten begrenzt. Das ganze Land wird in der Richtung von Süd nach Nord von einem bedeutenden Hochplateau durchzogen, welches im Osten und Westen nach den Meeresufern zu abfällt. Das Plateau hat zumeist eine Höhe von 500 bis 1500 m, erreicht jedoch bei Zacatecas die Höhe von mehr als 2000 m, um dann schnell nach Norden zu wieder bis auf ungefähr die Hälfte der Höhe abzufallen. Von dem Hochland liegen drei Viertel der Gesamtfläche höher als 500 m, die Hälfte höher als 1000 m, und 30 % der Fläche übersteigen sogar die Höhe von 1500 m. Auf dem Hochplateau erheben sich vereinzelt, nicht in zusammenhängenden Ketten, eine große Anzahl Vulkane, teilweise noch in geringem Grade tätig. Von diesen gewaltigen Kegeln erreichen 17 die Höhe von mehr als 3000 m; die bedeutendsten sind: Orizaba 5550 m, Popocatepetl 5452 m, Ixtaccihuatl 5286 m, Xinantecatl 4500 m, Malinche 4461 m, Nevado de Colima 4450 m, Ajusco 4113 m und Cofre de Perote 4090 m, welche auf der Höhe auch während des Sommers mit Schnee bedeckt sind und zum Teil Gletscher tragen. Die so großen Höhenunterschiede zwischen den Küsten und dem Hochplateau bringen es naturgemäß mit sich, daß die Temperaturdifferenzen, selbst bei kurzen Entfernungen, oft sehr auffallende sind. Die tiefer liegenden Gegenden am Golf haben das Klima der heißen Zone, das mittlere Gebiet der terrassenförmig aufsteigenden Höhen mit seiner überaus üppigen Vegetation besitzt dagegen die Wärme der gemäßigten Zone, während auf dem Plateau durchweg eine kühlere Temperatur herrscht. Selbstverständlich kann auf dem Hochplateau, abgesehen von den obengenannten höchsten Bergen, bei der südlichen Lage Mexikos (zwischen 14° 30′ und 30° 42′ nördl. Br.) von Schnee und Eis keine Rede sein. Die Abende sind auf der Hochebene im Winter nicht selten merklich kühl und große Temperaturunterschiede zwischen Mittag und Abend nicht ungewöhnlich. Im allgemeinen ist das Klima des ganzen Landes ein wundervolles, und man hat es leicht, je nach der Höhenlage, die man zum Aufenthalt wählt, entweder einen immerwährenden Frühling oder beständigen Sommer zu verleben. Ein eigentliches Tropenklima herrscht in Mexiko lediglich in dem Küstentieflande der südlichen Hälfte (der Tierra caliente) mit 22° C Mitteltemperatur in der kühlsten Jahreszeit, während die übrigen Teile des Landes der Höhenlage entsprechend in die Tierra templada und tierra fria (gemäßigte und kühle Zone) zerfallen.

Die angenehmste Zeit für den Aufenthalt auf dem Hochplateau, z. B. in Mexico City, fällt in die Regenzeit während der Sommermonate. Man darf sich jedoch diese Periode in Mexiko nicht als eine durch ununterbrochene Regengüsse ausgefüllte vorstellen, es finden vielmehr zwar alltägliche aber oft nur kleinere Regenschauer des Nachmittags statt. Die meisten Touristen besuchen Mexiko allerdings in den Wintermonaten, um dem rauhen Klima des Nordens zu entrinnen. Man findet daselbst zu dieser Zeit viel mehr anregende Gesellschaft; aber eine nicht zu unterschätzende Unannehmlichkeit ist die permanente Trockenheit und infolge dieser der viele Staub, der, von starken Winden getrieben, über die ganze Hochfläche hinzieht. Nicht selten kommt es dann vor, daß die mächtighohen Vulkane von nächster Nähe aus gar nicht sichtbar sind.

Da es im Winter nicht regnet, so ist das ganze Land in dieser Zeit ungemein wasserarm, ja viele Flüsse entbehren des Wassers monatelang vollständig. Den großen Flüssen wird alsdann eine außerordentliche Wassermenge durch weit ausgedehnte Irrigation entzogen, so daß auch diese stark geschwächt werden. Der bedeutendste Fluß des Landes ist der Rio Panuco, derselbe ist von seiner Mündung ins Meer aus (bei Tampico) auf ungefähr 350 km schiffbar; seine Ufer sind von einer märchenhaft schönen, tropischen Vegetation eingerahmt. Der Rio Lerma, der längste Fluß Mexikos, von der Sierra Madre kommend, ist mitunter sehr wasserarm, dagegen sind der Rio Grande, von den Vereinigten Staaten her dem Golf zueilend, und der Coatzocoalcos auf größeren Strecken schiffbar. Mexiko besitzt einige sehr große Seen, deren Ufer manches idyllische Erdenfleckchen bergen, so der Lago Patzcuaro, etwa 2000 m hoch gelegen und 45 km lang, dann der Lago Cuitzeo, der eine Länge von 67 km hat, und der romantischste von allen, der über 150 km lange Lago de Chapala, unweit Guadalajara gelegen.

Die Republik Mexiko umfaßt 27 Staaten, 1 Federal-Distrikt und 2 Territorien, mit nahezu 14 Millionen Einwohnern, darunter 19 % Kreolen und Weiße spanischer Ab-

I
II
III

stammung, 43 % Mischrassen und 37 % Indianer, sowie rund 70000 Neger. Die Indianer setzen sich zusammen aus den Stämmen der eigentlichen Mexikaner oder Azteken, deren sich 6 auf dem Hochlande befinden, den Mayas im Yucatan und den Stämmen aus den Teilen von Chiapas, die an Guatemala grenzen.

Die Mischrassen, Bastarde, sind aus der Vermengung von Spaniern, Indianern und Negern hervorgegangen, von denen man hauptsächlich Mestizen, Mulatten, Zambos und Chinos unterscheidet. Ein Teil der gemischten und indianischen Rassen ist noch immer unzivilisiert, und unter der gesamten Bevölkerung befinden sich nicht viel mehr als $3^1/_2$ Millionen Steuerzahler.

Die spanische Sprache ist allgemein verbreitet, und auch die meisten ursprünglichen Einwohner verstehen dieselbe.

Die römisch-katholische Religion ist fast bei der ganzen Bevölkerung eingeführt; im Jahre 1890 befanden sich in Mexiko 10112 römisch-katholische Kirchen und nur 119 protestantische.

Handel und Gewerbe haben sich in den letzten 10 Jahren in überraschender Weise aufgeschwungen, und es gibt heutzutage wenig Artikel, welche nicht im Lande selbst fabriziert werden könnten. Die Maschinenfabrikation ist schwach vertreten, doch läßt die Nähe der Vereinigten Staaten diesen Mangel kaum empfinden. Die Einfuhr betrug im Jahre 1901/2 gegen 260 Millionen, die Ausfuhr etwa 320 Millionen Mark, von den letzteren entfielen drei Viertel auf die Vereinigten Staaten allein. Zur Ausfuhr kommen in der Hauptsache Edelmetalle, die für sich schon mehr als die Hälfte des Gesamtbetrags ausmachen, dann in der Reihenfolge der Quantität: Kaffee, Henequen, Tabak, lebendes Vieh, Holz usw.

Wie aus Obigem hervorgeht, bilden die Minen eine hervorragende Erwerbsquelle des Landes, die hauptsächlich

Silber, solches aber in großen Mengen liefern; Gold wird wenig gefunden. Man darf wohl behaupten, daß alle Berge der großen Gebirgskette, der Sierra Madre, die sich an der ganzen Westküste des Landes hinstreckt, mehr oder weniger Silber bergen, doch harren noch viele ausgedehnte Distrikte der Ausbeute späterer Zeiten. Der seitherige Gewinn an Silber in Mexiko wird im ganzen etwa auf 4000 Millionen Dollars geschätzt. Alle anderen Metalle sind in verhältnismäßig kleinen Quantitäten vorhanden, Kohle aber reichlich und gut. Auch Schwefel liefert reichen Gewinn, er wird dem Krater des Popocatepetl in massiven Blöcken entnommen.

Die schnelle Entwicklung von Handel und Gewerbe in Mexiko hat das Interesse des Auslandes in hohem Grade auf sich gezogen, und die in neuerer Zeit daselbst angelegten ausländischen Kapitalien zeigen bedeutende Ziffern. Innerhalb 4 Jahren (von 1894—1897) sind nicht weniger als 4000 Millionen Mark investiert worden. Deutschland ist dabei in hervorragender Weise beteiligt gewesen, mit Frankreich zusammen belaufen sich die angelegten Kapitalien ungefähr auf die Hälfte jenes Gesamtbetrags, Amerika hat sich mit 1380 und England mit 850 Millionen Mark beteiligt. Deutschlands Interesse hält mit dem Aufschwunge des Handels in Mexiko beständig Schritt, unterstützt durch die neu eingerichteten Schnelldampferlinien der Hamburg-Amerika-Linie. Der Deutsche verdankt auch hier wie anderwärts seinen Erfolg in dem schnellen Aufblühen seiner überseeischen Handelsbeziehungen dem Studium der fremden Sprachen. Die Beseitigung der Sprachschwierigkeit erleichtert den Handel mit dem Auslande bedeutend. Die Geschäftsreisenden führen sich, die Landessprache beherrschend, in der Fremde leicht ein, was dem Deutschen ein bedeutendes Übergewicht über seinen englischen und amerikanischen Nebenbuhler verschafft.

Die Bergwerkdistrikte Mexikos umfassen 80 % des gesamten Gebietes, und die Ausbeute an Gold und Silber beträgt 20 % der Produktion der ganzen Welt.

Dem Minenbetrieb ist die schnelle Ausdehnung des Eisenbahnnetzes sehr zustatten gekommen; das ganze Land ist nach allen Richtungen hin von Eisenbahnen durchzogen. Die Länge der sich im Gebrauch befindlichen Schienenwege beläuft sich auf etwa 14500 km, die dem Staat bedeutende Summen an Subventionen kosten. Die größte Strecke hat die Mexikanische Zentralbahn, Tampico-Mexiko City-El Paso, in Betrieb (3305 km), dann folgt die National-Eisenbahn, Hauptlinie Mexiko City-Laredo, mit 2055 km, die Mexikanische Internationale Eisenbahn mit 1198 km und die Interozeanische, von Vera-Cruz bis Mexico City. Die Eisenbahn der Monterey and Mexican Golf-Gesellschaft stellt die Verbindung von Tampico aus mit den Vereinigten Staaten her. Diese Bahn hat für den Bau besonders kostbares Material verwendet, die Schwellen sind von Mahagoniholz und die Brücken aus weißem Marmor hergestellt worden.

Pflanzenwelt. In der subtropischen Steppenlandschaft zeigen sich vorzugsweise die dickblätterigen Liliazeen, Yucca und Agave, während wir an den Bergen schöne Kiefern und immergrüne Eichen sich zu wundervollen Waldungen vereinigen sehen. Steigen wir jedoch weiter nach dem Küstenabfall zu hinab, so gelangen wir zunächst in üppige Tropenwaldungen mit Palmen. Wir finden da die tropischen Nahrungspflanzen vereinigt mit den nordischen Kulturgewächsen. Noch weiter unten, in der Tierra caliente, gedeihen Reis und Zuckerrohr vortrefflich, und der hier gezogene Kaffee darf sich mit den besten Sorten messen. Die Produktion des Kaffees hat sich in der letzten Zeit bedeutend gesteigert, sie betrug im Jahre 1899 bereits 38 Millionen Kilo. Indigo gedeiht am besten in Colima, wo er wild wächst, und den Kakao treffen wir in ausgezeichneter Qualität in Chiapas und Tabasco an. Baumwollekulturen befinden sich in den Staaten Veracruz, Nuevo Leon, Durango und Yucatan, doch wächst die Baumwolle fast ohne besondere Pflege in der ganzen Tierra caliente. Die Henequen- und Ixtlekulturen (Faser der Agave) werfen im Yucatan bedeutenden Nutzen ab, und eine andere Agavenart (Abb. 8) liefert auf dem mexikanischen Hochplateau das so beliebte Nationalgetränk „Pulque". Der Tabak von San Andres de Tuxtla ist dem kubanischen an Güte gleich, außerdem treffen wir große Kulturen in Veracruz, Jalisco, Oaxaca und Tepic an. Mais, dem seine erste Kultur in Mexiko zuteil geworden sein soll, trägt bis zu 300fältig und ergibt gar nicht selten zwei Ernten im Jahre. Der Mais wird sowohl zum Backen der „Tortilla", dem landesüblichen Brot, das der Fremde auf der Reise oft in der primitivsten Weise am Boden herstellen sehen kann (Abb. 9), verwandt, wie auch als Viehfutter benutzt. Die schwarze Bohne wächst mit dem Mais gemeinschaftlich und ist hier so beliebt wie bei uns die Kartoffel. Die Anpflanzung von Wein, Orangen, Oliven, Gemüsen wird von der Regierung stark unterstützt, damit die Kolonisten denselben ihre Pflege zuwenden.

Geschichte. Über Mexiko ist nach Europa erst durch die Entdeckung Yucatans im Jahre 1508 Kunde gedrungen, die Geschichte des Landes vor dieser Zeit ist in Dunkel gehüllt. Die ältesten Überlieferungen gehören der Mythe an, und verlässige Daten über die Ereignisse sind nicht vorhanden. Bemerkenswert ist die Sage, daß die Vorfahren der Mexikaner unter einem Anführer Namens Vodan eingewandert seien, der sich später wieder in die Alte Welt zurückbegeben habe. Nach seinem Wiedererscheinen sei er jedoch nicht anerkannt worden, worauf er das Land unter der Androhung seiner Wiederkehr mit bewaffneter Macht abermals verließ. Humboldt bemerkt dazu, daß dieser Vodan der Familie der Vods oder Odins der Goten wahrscheinlich

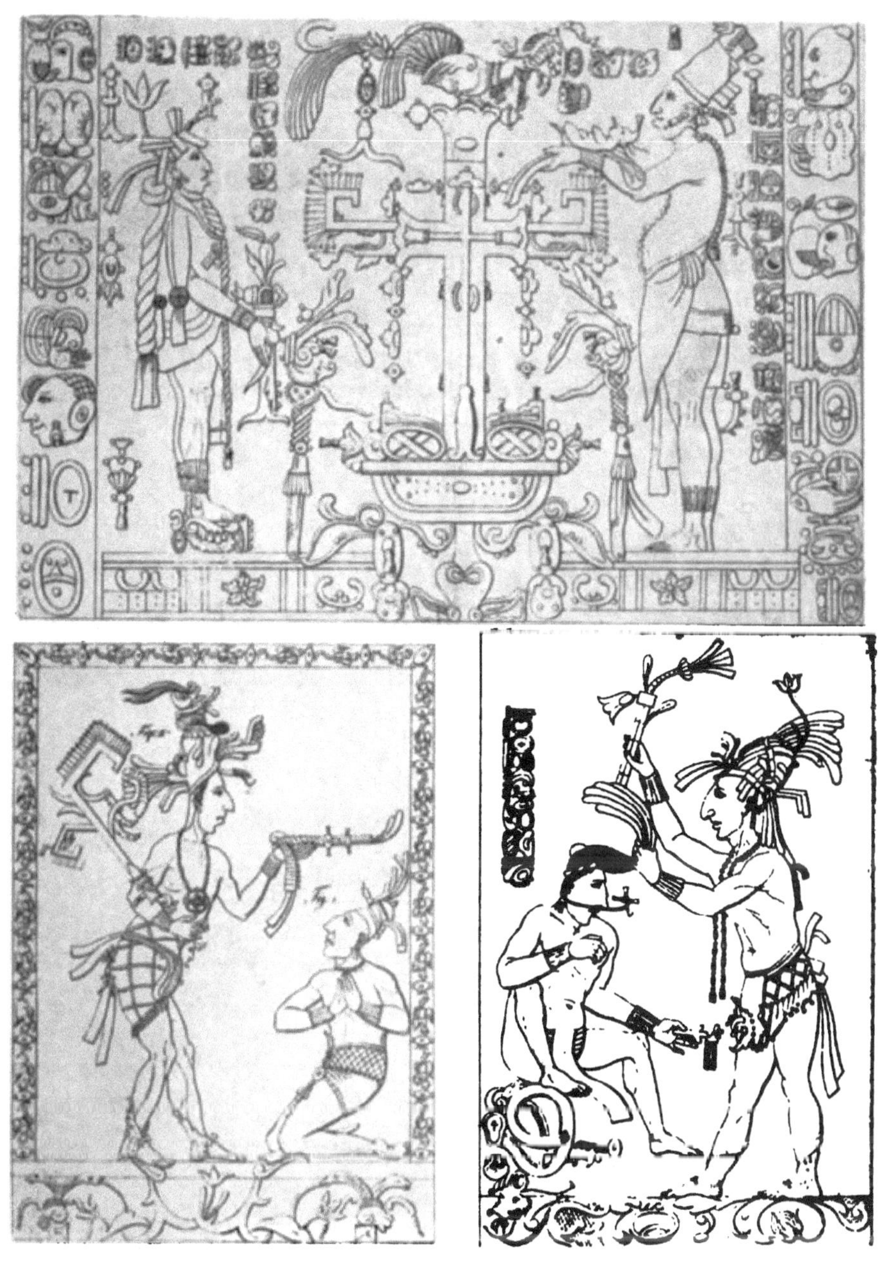

3. Skulpturen aus dem Ruinen zu Palenque.

angehört habe. Diese Sage hat eine auffallende Verbindung mit der Rede des Montezuma an Cortez, welche wir auf Seite 12 erwähnen.

In das Bereich der Mythe gehören auch die Berichte über die Tolteken, die der Tradition gemäß im Jahre 648 nach Anahuac gekommen sein sollen, wie das südliche Hochplateau Mexikos bezeichnet worden ist. Allerdings wurde der Name dafür fälschlich gebraucht, denn er heißt wörtlich „am Wasser“, muß also ursprünglich für die südlichen Ansiedelungen der tropischen Küstenstriche gebraucht worden sein. Die Heimat der sagenhaften Tolteken war eine Stadt im Norden Mexikos, Tollan, die aber, schon bevor die Spanier ins Land kamen, nur noch eine Trümmerstätte bildete. Die Stadt muß, wie die Ruinen zeigen, die vor nicht langer Zeit erst ausgegraben worden sind, eine große Ausdehnung gehabt haben. Wenn auch die Berichte über die Tolteken und deren Regenten ans Fabelhafte grenzen, so steht nichtsdestoweniger fest, daß die Stadt existiert hat, wie einige riesige Karyatidenbasen im Nationalmuseum zu Mexiko beweisen. Das Volk aber schreibt alle Erfindungen, den Ursprung der Künste und Wissenschaften sowie des Kunsthandwerks den Tolteken zu, eine Ansicht, die allerdings mit Vorsicht aufzunehmen ist. Ebenso klingen die Erzählungen über das Reich selbst und deren Regenten fabelhaft.

Vergleiche zwischen den in den Ruinen von Tollan gefundenen und nahuatlakischen Altertümern lassen kaum einen Zweifel darüber aufkommen, daß die Nahua die Nachfolger der Tolteken sind, aus deren Blütezeit ein Erbe an Kunst und Wissen auf die Nahua überging, das bedeutend genug war, später dem ganzen Lande zugute zu kommen. Die von den Tolteken angebeteten Götter Tonacatecutli, des Himmels und des Lichts, und Quetzalcoatl, des Windes, genießen auch Verehrung bei den Nahuastämmen.

Ein anderer Indianerstamm, die Chichimeca, die im Westen und Norden Mexikos ausgedehnte Jagdgründe inne hatten, sollen sehr kriegerischer Natur gewesen sein. Auch über die Ankunft der Chichimeca in die Gegend der heutigen Stadt Mexiko ist das Dunkel gebreitet, jedenfalls erfolgte dieselbe einige Jahrhunderte später als wie die Niederlassung der Nahua. Die Könige von Texcoco und die Bewohner der Republiken Tlaxcalla und Huexotzinca waren chichimecalischer Abkunft; später drangen sie erobernd in das Küstenland von Veracruz vor. Der Name dieses Stammes wird vielfach mit den Nahua vermengt, doch erscheint derselbe nicht in Verbindung mit den Maya des Yucatan.

Die Stadt Mexiko, von deren Namen die allgemeine Bezeichnung der Bewohner als Mexikaner hergeleitet ist, wurde von einem Zweig der Nahuafamilie gegründet; der Name Nahuatlaca bezeichnet einen guten und verständlichen Sprachausdruck, so daß also alle diejenigen Stämme des Landes damit bezeichnet werden, die sich mit den Mexikanern verständigen können. Man faßt sie zusammen in Azteken, Tepaneca, Acolhuaca, Chalca, Xochimilca, Huexotzinca, Tlaxcalteca, Chololteca und Tlalhuica. Die Nahuafamilie breitete sich sonach mit der Zeit über das ganze Land aus und beschränkte sich nicht nur auf das mexikanische Hochtal. Wodurch die Bezeichnung Mexikaner entstanden ist, hat nicht festgestellt werden können, dagegen ist der Name Azteken klar, er bedeutet „die Leute von Aztlan", d. h. aus dem Lande des Weißen Reihers, dem sie nach der Mythe entstammen sollen.

Die bürgerliche Ordnung des alten Mexiko basierte auf patriarchalischer Verfassung der verschiedenen Stämme, die in mehrere Abteilungen und diese wieder in Sippen zerfielen. Das zur Bebauung geeignete Land verteilte man an die Sippen, nachdem Ländereien, deren Erträgnisse für das Allgemeinwohl verwendet wurden, zu gemeinschaftlicher Bearbeitung vorbehalten waren. Die Vorsteher der Sippen waren zugleich die Häuptlinge im Kriege, und sie bildeten mit mehreren anderen angesehenen Erwählten einen Bürgerrat, der in allen Stammesfragen die Entscheidung hatte, auch wurde von dem Rate der König und ein mit diesem gemeinsam amtierender höchster Richter gewählt (der Cihuacoatl), der zugleich als Repräsentant des Stammes galt.

Von den vielen Königen sind nur wenige Namen bekannt geworden, u. a. wird der vierte König Jtzcoatl als Befreier der Azteken aus der Tributpflicht, die den Tepaneca gegenüber bestand, gerühmt. Unter dem fünften Könige, Motecuhzoma I., wurde die Kriegsführerschaft in Form der Hegemonie Mexikos eingeführt, die zur Verbrüderung dieser Städte mit Texcoco und Tlacopan führte. Motecuhzomas Regierung verlief ereignisreich, Chalco und Xochimilco wurden unterworfen, und das südlicher gelegene Gebiet der Tierra caliente schloß sich alsbald an. Ein Feldzug gegen die Huaxteca verlief glücklich, wodurch sich im weiteren Verfolge ein großer Teil des Landes an der Golfküste angliederte. Dann wird der achte König, Ahuitzotl, als erfolgreicher Kämpfer gegen die Zapoteken und Totonaken genannt, unter dessen Regierung ein großer Teil der Tierra caliente an der Küste des pazifischen Ozeans dem Reiche zufiel.

Wir kommen nun zu dem bekannten jüngeren Motecuhzoma (auch Montezuma), dem neunten Könige und letzten Herrscher in Mexiko vor der Unterwerfung durch die Spanier, der 1502 den Thron bestieg und ein außerordentlich tragisches Ende nahm. Obwohl er ein umsichtiger, tapferer und energievoller Herrscher war, konnte er den spanischen Eindringlingen auf die Dauer nicht widerstehen. Dies mag auf den ersten Blick befremdlich erscheinen, da die Macht des Cortez gegenüber dem großen Reiche, als welches Mexiko zu jener Zeit betrachtet werden muß, eine recht geringe war. Doch in Wahrheit bestand dasselbe nicht aus einem einheitlichen Ganzen, es setzte sich vielmehr zusammen aus einer größeren Anzahl unterworfener Stämme, die von einem tiefwurzelnden Nationalgefühl für das neue Reich nicht beseelt waren. Direkte Nachbarn der Hauptstadt waren die Tlaxkalteken, die sich immer nur unmutig unter das Joch gebeugt hatten und eine Gelegenheit, sich von demselben wieder zu befreien, gern ergriffen. Sie verbündeten sich mit Cortez, der von seiten der Mexikaner infolge ihres religiösen Glaubens mit einer gewissen heiligen Scheu von Anfang an betrachtet worden war. Die Religion der Azteken prophezeite von alters her das einstige Wiedererscheinen des entschwundenen Lichtgottes, und kein Wunder war es daher, daß man den plötzlich auftauchenden, aus unbekannten Fernen nahenden, mächtigen Fremdling mit einer übernatürlichen Person in Verbindung brachte. Cortez wurde von einem großen Teile der Bevölkerung als Gesandter des Lichtgottes betrachtet, der die Herrschaft zu übernehmen berufen sei; der Mut der Verteidiger mußte notgedrungen unter dieser Vorstellung leiden, und Cortez hatte infolgedessen verhältnismäßig leichtes Spiel. Wie dieser bei seinem ersten Besuche in der Hauptstadt Mexikos, Tenochtitlan, von Montezuma aufgenommen worden ist, ersehen wir am besten aus dem ersten Briefe, den Cortez seinem Monarchen am 30. Oktober 1520 gesandt hat, worin er eine Rede Montezumas wörtlich wiedergibt, die er vor den versammelten Kaziken hielt. Wir lassen diese Rede hier im Wortlaut folgen: „Meine Brüder und Freunde, ihr wisset bereits, daß eure Großväter, eure Väter, ihr selbst Vasallen von meinem Vorfahren und mir gewesen und noch seid. Ihr habt unablässig alles dasjenige getan, was gute und gehorsame Untertanen für ihre geborenen Herren zu tun gebunden sind. Ich vermute auch, ihr habt von euren Vätern gehört, daß wir nicht Eingeborene dieses

Landes sind, daß sie aus einem weit entlegenen Lande hierher kamen und von einem Fürsten hergeführt wurden, welcher sie hier ließ, und welchem sie alle untertan waren. Eine lange Zeit hernach kehrte dieser Fürst abermals zurück und fand, daß sich unsere Großväter mit den Weibern dieses Landes verheiratet, sich in demselben angesiedelt und es mit zahlreicher Nachkommenschaft bevölkert hatten und daß sie ihn weder in seine Heimat zurück begleiten, noch in diesem Lande hier als Beherrscher aufnehmen wollten. Er ging daher wieder fort und äußerte, wie er mit einer so großen Macht zurückkehren oder eine solche schicken wolle, der sie nicht widerstehen könnten. Ihr wisset wohl, wir haben ihn stets erwartet, und nach alledem, was dieser Feldherr uns sagt über den König, welcher ihn zu uns geschickt und über das Land, aus welchem er herzukommen vorgibt, halte ich es für gewiß, und ihr werdet zuverlässig derselben Meinung sein, daß es kein anderer Fürst sei, als eben der, den wir erwarten, besonders da er erklärt, daß man in dem Lande, von wannen er kommt, längst von uns Kunde habe. Da unsere Vorfahren durch ihren Fürsten nicht das getan, was sie hätten tun sollen, so lasset uns es tun und unseren Göttern Dank sagen, daß sie das glückliche Ereignis, nach welchem wir so lange uns gesehnt, in unseren Tagen haben eintreten lassen. Da dies euch auch allen in aller Klarheit einleuchten muß, so bitte ich euch recht dringend, diesem großen König künftig ebenso zu gehorchen, wie ihr bisher mir, als eurem gesetzmäßigen Beherrscher gehorcht und Ehre erzeigt habt, denn er ist euer geborener Herr, und ich bitte euch, diesem seinem großen Hauptmann ebenso zu gehorchen, wie dem Herrn selbst.“ Cortez, der den Montezuma in dem Irrtum, in den er ihn gefallen sah, zu bestärken wünschte, spielte die Rolle, die er in seinem ersten Briefe folgendermaßen beschreibt: „Ich erwiderte alles, was er gesagt hat, mit solchen Worten, wie sie am besten zu meinem Plane taugten, das heißt, hauptsächlich ihn in dem Glauben bestärkend, daß niemand als Eure Majestät der Fürst sei, welchen man seit so langer Zeit erwartete“.

Montezumas' Tod.

Wie Cortez trotz des freundlichen Entgegenkommens zum Verräter an Montezuma wurde, werden wir später noch sehen; das Ende des letzteren war, nachdem er die Oberherrlichkeit Spaniens anerkannt hatte, ein sehr trauriges.

Die Mexikaner selbst empörten sich gegen Montezuma, da sie es als eine Schmach betrachteten, einen Sklaven der Eindringlinge als Herrscher zu besitzen. Infolgedessen griff das Volk gegen ihn zu den Waffen, und als Montezuma den Empörern mutvoll gegenüber trat, um den Aufruhr zu beschwichtigen, wurde er durch einen Steinwurf verwundet. Diese ihm von seinen Untertanen zugefügte Beschimpfung vermochte der Herrscher nicht zu ertragen, er verweigerte fortan Speise und Trank und starb so eines freiwilligen Todes im Juni des Jahres 1520.

Daß wir nur einen so außerordentlich unvollkommenen Einblick in die Geschichte Mexikos vor der Entdeckung Amerikas zu gewinnen vermögen, ist dem Fanatismus der Spanier zu danken, die bei ihrer Invasion, infolge der Achterklärung von seiten des ersten Bischofs von Mexiko, alle die kostbaren mexikanischen Bilderschriften, deren sie habhaft werden konnten, auf öffentlichen Plätzen zusammenhäuften und verbrannten. Es hat Jahre gebraucht, das grausame Werk der Zerstörung aller vorhandenen Zeugen der alten Kunst und Wissenschaft so gründlich zu vollenden. Fragt man sich, was wohl die Ursache eines so unglaublichen Vandalismus gewesen sein mag, die einen so rücksichtslosen Feldzug gegen die Erzeugnisse einer hohen Kunst, wie sie Mexiko zu jenen Zeiten besaß, wenn auch nicht zu rechtfertigen, so doch zu erklären vermöchte, so kann man nur zu dem Schluß kommen, daß die spanischen Eindringlinge bei ihrer Ankunft in Mexiko sich einem Volke gegenübersahen, das auf einer höheren Kulturstufe stand als sie selbst. Neid und Haß erfüllten diese barbarischen Träger der Zivilisation derartig, daß sie alle Schätze der Bibliotheken durch Feuer vernichteten, alle Kunstwerke aus Stein zerstörten, die herrlichen öffentlichen Bauwerke und Tempel niederrissen und zertrümmerten. Das Ausrottungswerk aller Zeugen einer hohen Kultur durchzuführen, haben die Spanier trefflich verstanden, sie vermochten jedoch an Stelle des Niedergeworfenen Neues nicht annähernd in gleicher Pracht wieder aufzuführen, denn abgesehen von einigen hervorragend schönen Kathedralen begegnet uns in Mexiko selten ein Kirchenbau, der nicht den Stempel der Schablonenhaftigkeit trüge.

Die spanische Achterklärung aller mexikanischen Bildwerke hat es immerhin nicht zustande gebracht, daß alle Manuskripte der Mayas, der Ureinwohner des Yucatan, von der Welt verschwunden sind; da jedoch die in den noch vorhandenen Schriften aufgezeichneten Hieroglyphen nur zu einem kleinen Teile erforscht werden konnten, die Deutungen derselben verschieden und somit nicht verläßlich sind, so hat auch das wenige Gerettete nur spärlichen Lichtschimmer auf die alte mexikanische Geschichte zu werfen vermocht. Wir kommen später noch auf diese Manuskripte zurück.

Wir treten nun in die Zeit ein, in der wir es mit verbürgten historischen Daten zu tun haben, die mit der ersten Kunde von Mexiko durch die spanischen Seefahrer Solis und Pinzon, welche 1508 Yucatan entdeckten, ihren Anfang nehmen. Grijalva fand alsdann 1518 die Ostküste von Anahuac auf, und bereits 1519 erfolgte die Landung in der Gegend des heutigen Veracruz.

Diese beschleunigte Landung des Cortez, der mit elf Schiffen und etwa 600 Soldaten und Matrosen im Februar 1519 Santiago de Cuba verlassen hatte, war die Folge des Mißtrauens gegen ihn von seiten Diego Velasquez, des Statthalters von Kuba. Obwohl Velasquez, der die Flotte ausgerüstet hatte, anfänglich den unerschrockenen Cortez selbst als Kommandanten derselben erwählt hatte, bereute er nach-

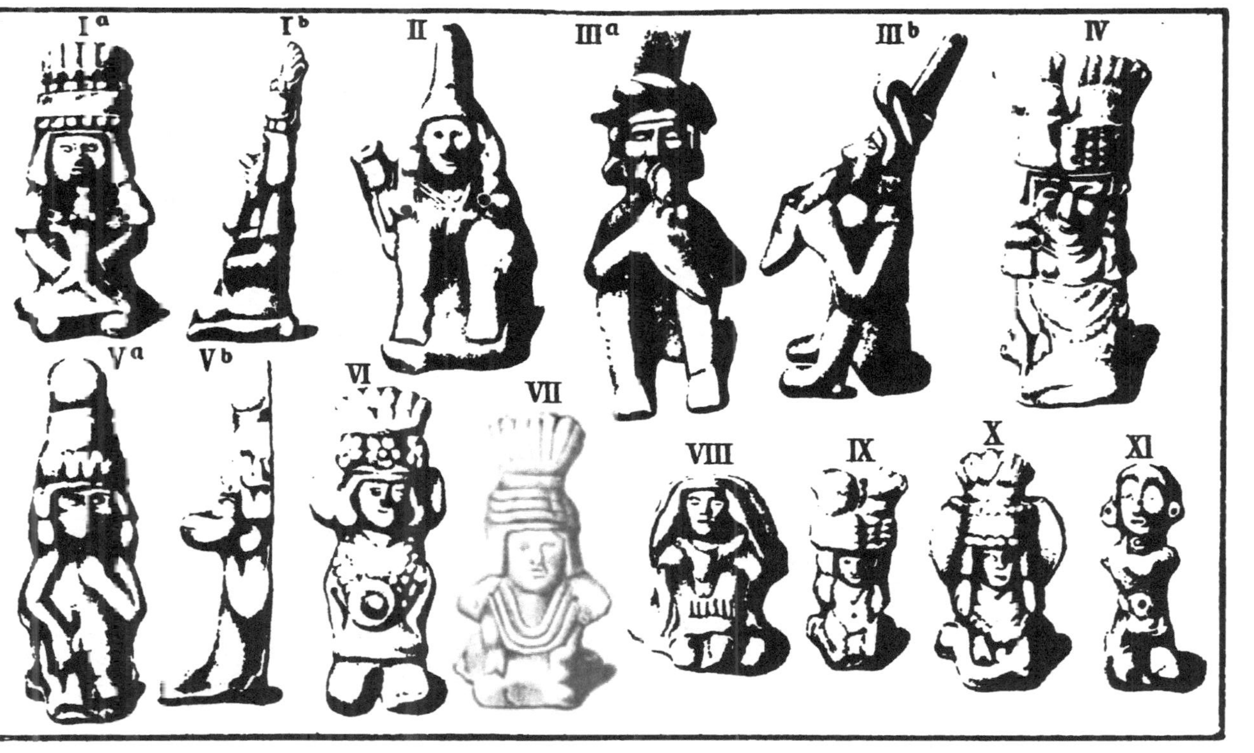

4. Altmexikanische Idole.

träglich die getroffene Wahl und verfügte die Verhaftung Cortez', der indessen dieser durch sofortige Abreise zuvorkam. Am 12. März an der Mündung des Tabasco angekommen, wurde es ihm leicht, von den dortigen Bewohnern einen Frieden zu erzwingen. Hier war es auch, wo er in der Indianerin Donna Marina eine ergebene Begleiterin und Dolmetscherin fand, die ihm späterhin von großem Nutzen gewesen ist.

Es ist begreiflich, daß die Spanier mit ihren modernen Waffen und ihrer überlegenen Kriegskunst bei den Bewohnern Mexikos eine ehrfurchtsvolle Bewunderung erregen mußten, so daß auch die Landung in Veracruz keinerlei Schwierigkeiten begegnete. Nun ließ Cortez seinen Wunsch, nach der Hauptstadt zu kommen, Montezuma überbringen, woraufhin dieser zwar Gesandte mit reichen Geschenken an Cortez schickte, aber mit diesen auch die Aufforderung, das Land wieder zu verlassen. Dies letztere widersprach natürlich den ehrgeizigen Plänen des Eroberers vollständig. Nachdem er eine Verschwörung gegen seine Person, die von Anhängern Velasquez', ausgegangen war, durch die Hinrichtung der Anstifter unterdrückt und zur Vermeidung einer Entweichung seiner Mannschaften alle seine Schiffe bis auf eins zerstört hatte, sandte er eine Botschaft an Kaiser Karl V., in der er die bevorstehende Eroberung des schätzereichen Aztekenlandes, das er in glühenden Farben schilderte, zusicherte und um Verstärkung nachsuchte.

Nun begann Cortez' Zug nach der Hauptstadt des Reiches, dem sich unterwegs die unabhängigen Tlascalaner nach mehrfachen Niederlagen sowie auch die Bewohner von Cholula anschlossen. Hatte Cortez seither nur dunkle Gerüchte über den Reichtum und die Kultur des Landes erhalten, so bekam er nun auf seinem Kriegszuge durch dasselbe eine richtige Vorstellung von der Größe der Städte und der Großartigkeit des unbekannten Reiches, die seine höchste Bewunderung hervorrief. Im gleichen Jahre noch, am 8. November 1519, erreichten die Truppen der Spanier die Hauptstadt Tenochtitlan, die jetzige Mexico City, und damit brach die große Not über das Königreich der Azteken herein. Wenn Cortez den Bewohnern des Landes anfänglich als Abgesandter des Lichtgottes erschienen war, so sollten sie bald genug die Überzeugung gewinnen, daß sie es mit einem Dämon zu tun hatten.

Unter großem Gepränge hielt Cortez, von Montezuma und der Bevölkerung ehrfurchtsvoll empfangen, seinen Einzug in Tenochtitlan, wo ihm ein Palast als Wohnung angewiesen wurde; aber Cortez lohnte die ihm zuteil gewordene gute Aufnahme durch schnöden Verrat, indem er sich durch seine Leute am 14. November der Person Montezumas bemächtigte. Dieser wurde gezwungen, sich seinem Volke gegenüber als Vasall der spanischen Krone zu erklären, weigerte sich jedoch entschieden, das Christentum anzunehmen.

Die Verstärkungen, die Cortez aus Spanien erhofft hatte, trafen wider alles Erwarten nicht ein, und als statt dieser eine von Velasquez gegen den „Rebellen" ausgerüstete Flotte von 18 Schiffen und etwa 1000 Mann unter der Führung von Panfilo Narvaez, der Cortez gefangen nach Kuba schicken und an dessen Stelle die Zügel in die Hand nehmen sollte, erschien, befand sich Cortez in einer bedenklichen Lage. Der Erfolg jedoch war trotzdem auf seiner Seite. Nur einen kleinen Teil seiner Mannschaften zur Bewachung Montezumas zurücklassend, zog er Narvaez entgegen, verband sich heimlich mit den feindlichen Truppen und bekam den Führer selbst am 24. Mai 1520 als Gefangenen in seine Hände. Nun war er in der Lage, verstärkt in die Hauptstadt zurückzukehren, die er bei seiner Ankunft aber in Aufruhr vorfand, den sein Stellvertreter durch allzu schroffes Vorgehen und die Hinrichtung vieler Vornehmen verschuldet hatte. Auch die neuen Truppen waren dem Kampfe der Verzweiflung nicht gewachsen, und so mußte Cortez am 1. Juli 1520 einen verderbenbringenden Rückzug über den Damm des Sees Texcoco, unter Verlust der Hälfte seiner Leute, aller Geschütze und Pferde, wie auch des größten Teiles der geraubten Schätze, antreten. Am 7. Juli gelang es jedoch dem kleinen Rest seines Kriegsheeres in der Schlacht bei Otumba, den vielfach überlegenen Gegner zu schlagen, und tags darauf zog er, selbst schwer verwundet, in Tlascala ein.

So verzweifelt nun auch Cortez' Lage erscheinen mußte, wendete sich das Glück doch wieder auf seine Seite. Neue Truppen waren inzwischen gegen ihn gesandt worden, die er wiederum durch List für sich zu gewinnen wußte, und so sehen wir ihn bereits am 28. Dezember 1520 mit gegen 600 Mann eigner Leute und 10000 Tlascalaner erneut auf dem Marsche gegen die Hauptstadt, die ihm jedoch diesmal, unter dem neuen Regenten Guatemotzin, dem Neffen und Nachfolger des inzwischen gestorbenen Montezuma, in trefflichen Verteidigungszustand versetzt, nicht wieder so leichten Kaufs in die Hände fiel. Aber trotz der tapfersten Gegenwehr und erbitterter Kämpfe auf dem See Texcoco und in den Straßen der Stadt fiel diese am 13. August 1521 wieder in die Hände der Spanier. Der Fanatismus derselben begann von neuem zu wüten und alles zu verwüsten, was die Zivilisation der Azteken durch viele Jahrhunderte mühsam aufgebaut hatte. Bei der Rückkehr der Spanier war der ganze Staatsreichtum an Pretiosen, Juwelen usw. verschwunden, infolgedessen geriet Cortez derartig in Wut, daß er Guatemotzin der Tortur überlieferte, damit er das Geheimnis preisgebe, wo der kostbare Schatz verborgen gehalten werde. Diese grausame Maßregel blieb jedoch ohne Erfolg, denn die herrlichen Schätze ruhten auf dem Grunde des Texcoco und konnten daher nicht wieder zutage gefördert werden.

Nach dem entscheidenden Schlage gegen die Hauptstadt

brachte Cortez die übrigen Provinzen während der folgenden Jahre ebenfalls in seine Gewalt, und nun sah er sich auch von Karl V. zum Statthalter von „Neu-Spanien", wie Mexiko jetzt genannt wurde, ernannt. Mit dem Wiederaufbau der zerstörten Stadt ließ Cortez 1524 beginnen und traf Maßnahmen zur Kolonisation des Landes, die, durch eine geordnete Verwaltung unterstützt, von nicht geringer Umsicht Zeugnis ablegten.

Nun wurden in der Zeit von 1525—68 eine ganze Anzahl von Bischofsitzen ernannt, neue Städte gegründet und am 18. August 1570 die Inquisition im Lande eingeführt. Die Nennung des Wortes allein genügt, uns heute noch mit Schrecken zu erfüllen, denn diese Institution umfaßte zu der damaligen Zeit alle Greuel, die Grausamkeit mit dem denkbarsten Scharfsinn zu ersinnen vermochte. Die Tätigkeit der Inquisition machte sich bald genug fühlbar, denn im Jahre 1574 erfolgte die Verbrennung von 21 Lutheranern auf einmal. Zahlreiche Einzelhinrichtungen schlossen sich an, und im Jahre 1649 erlitten bei Gelegenheit großer Festlichkeiten 15 Personen den Flammentod.

Die ganze Zeit über fanden häufige Aufstände der Eingeborenen statt, die sich bestrebten, das ihnen von den Spaniern aufgezwungene Joch abzuschütteln, aber immer vergebens. Die Härte der Spanier machte sich auch in den während 270 Jahren aufrecht erhaltenen Kolonisationsmaßregeln empfindlich bemerkbar, es war z. B. den mexikanischen Kreolen sogar verboten, auf ihren Kulturen Weinstöcke und Olivenbäume anzupflanzen, oder Hanf, Flachs und Safran zu bauen.

Viele Kirchen wurden in der Zwischenzeit gebaut, und die Ausbeute der Silberminen nahm ihren Anfang, die sich außerordentlich erträgnisreich gestaltete; es konnten innerhalb 9 Jahren 130 Millionen Silberdollar nach Spanien abgesandt werden.

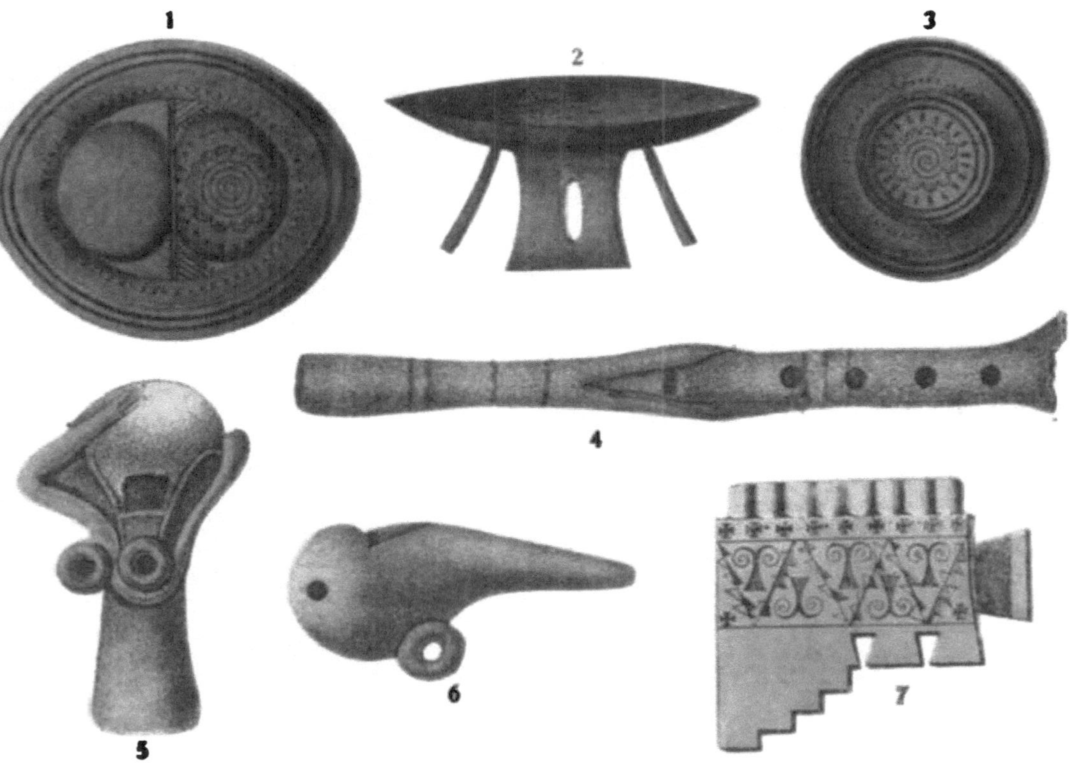

5. Altmexikanische Gefässe und Musikinstrumente.

Weitere Momente von Bedeutung in der Geschichte Mexikos, die in diese Zeit fallen, sind die im Jahre 1795 erfolgte Abtretung Floridas an Frankreich und Alex. von Humboldts berühmte Reise durch Mexiko, die er 1803 antrat.

Als unter dem Vizekönig Venegas sich endlich die Verfolgungen der eingeborenen Rassen zur Unerträglichkeit gestalteten, brach die Revolution aus, die mit einem Aufstande unter dem Priester Hidalgo y Costilla, der im Gegensatz zu dem bestehenden Kolonialsystem der Spanier die Hebung des Landes durch die Einführung neuer Industriezweige förderte, am 15. September 1810 ihren Anfang nahm, wobei der Priester an die Spitze einer bewaffneten Verschwörung trat. Sein erlassener öffentlicher Aufruf „Grito de dolores" (Schmerzensschrei) hatte die Form einer Unabhängigkeitserklärung Mexikos. Nachdem unter seiner Führung mehrere Städte eingenommen worden waren, zog er gegen die Hauptstadt, wurde jedoch am 17. Januar 1811 geschlagen, bald darauf gefangen genommen, und am 27. Juli büßte der heldenmütige Priester sein Leben, das er für die Freiheit des Landes eingesetzt hatte, durch seine Hinrichtung in Chihuahua. Damit war aber das Feuer der Empörung nicht gänzlich erloschen, der Parteigängerkrieg dauerte in den Provinzen fort und bekam neue Nahrung durch Grausamkeiten des Vizekönigs Calleja. Das ganze Land schrie jetzt nach Unabhängigkeit.

An die Spitze der Bewegung trat im Jahre 1820 ein Mann von bedeutender militärischer Begabung, Jturbide, der als Sohn eines spanischen Edelmannes in den Aufständen 1809/10 der Mexikaner gegen die Spanier erfolgreich gewirkt hatte, aber 1816 der Untreue angeklagt worden war und daher seinen Abschied nahm. Am 21. September 1821 hielt Jturbide seinen glorreichen Einzug mit seiner Armee in Mexico City, womit die 300jährige Schreckensherrschaft der Spanier ihr Ende erreicht hatte. Mexiko war jetzt auf dem höchsten Gipfel seines Ruhmes angelangt, das kolossale Reich erstreckte sich zu jener Zeit im Süden über ganz Guatemala, im Norden über den riesigen Teil der Vereinigten Staaten vom Red-River und Arkansas-River bis zur pazifischen Küste und den britischen Besitzungen. Jturbide wurde am 21. Juli 1822 als Kaiser Augustin I. gekrönt, doch schon am 20. März 1823 mußte er infolge eines Aufstandes seine Regierung in die Hände des republikanischen Kongresses niederlegen.

Nach dem Sturze Jturbides, dem ein Jahresgehalt mit der Bedingung, ins Ausland zu gehen, bewilligt worden war, erließ der Kongreß eine neue Verfassung, durch die Mexiko zu einer Republik mit 19 Staaten und 5 Territorien erklärt wurde; als erster Präsident leitete der General Victoria die Geschäfte. Jturbide hielt die Untätigkeit im Auslande nicht lange aus, er schiffte sich schon 1824 wieder nach Mexiko ein; daselbst angekommen, wurde er als ein in Acht gelegter Rebell behandelt, gefangen genommen und erschossen.

Ein verdienstvolles Werk der Republik war die Abschaffung des Sklavenhandels, die im Jahre 1825 zum Beschluß kam.

Die nun folgenden Jahre bis 1846 bilden eine ununterbrochene Kette von Aufständen; die Geschichte dieser Zeit trieft förmlich von Blut, und von einer gedeihlichen Entwicklung der wirtschaftlichen Verhältnisse konnte daher keine Rede sein. Kaum hatte ein Präsident die Zügel der Regierung ergriffen, da brachen auch schon Verschwörungen zugunsten eines anderen aus. Die wichtigste der zahlreichen Revolutionen war diejenige in Texas, die zwar mit der Selbständigkeit dieses Staates aber schließlichen Einverleibung in die Vereinigten Staaten endigte (lt. Vertrag vom 12. April 1844). Dies war die Veranlassung zu dem großen mexikanisch-amerikanischen Kriege, der bekanntlich sehr glücklich für die Vereinigten Staaten verlief, d. h. am 2. Februar 1848 mit der Abtretung des ganzen mexikanischen Territoriums nördlich und östlich des Rio Grande, einschließlich Neu-Mexiko und Kalifornien, umfassend ein Gebiet von 1 650 000 qkm, gegen eine Entschädigung von 15 Millionen Dollars seinen Abschluß fand.

Weitere Unruhen im Lande folgten, ein Präsident nur, Santa Anna, regierte länger als zwei Jahre, zog sich jedoch die Entrüstung des ganzen Volkes durch den Verkauf des südlichen Teiles des heutigen Territoriums Arizona für zehn Millionen Dollars an die Vereinigten Staaten, derart zu, daß sein Sturz die Folge war. Dann sehen wir wieder Streitigkeiten unter einer Reihe von Prätendenten entstehen, bis Juarez die Regierung übernahm, vollständige Religionsfreiheit proklamierte, die Mönchsklöster aufhob und deren Vermögen als Nationaleigentum erklärte.

Einen Sturm der Entrüstung erregte bald nach seinem Regierungsantritt im Auslande das kühne Gesetz der Nichtbezahlung der Zinsen auf mexikanische Staatsschuldenbons in den Händen von Ausländern, welches zur Folge hatte, daß Napoleon III. die Gelegenheit zu einer Intervention zugunsten der lateinischen Rasse und des monarchischen Prinzips zu benutzen beschloß. Ein Bündnis mit England und Spanien sollte allerdings nur den Zweck haben, Genugtuung für die verweigerten Zahlungen zu erzwingen, welcher Forderung die Entsendung einer spanisch-französisch-englischen Flotte (1861/62) Nachdruck verlieh. England und Spanien hatten sich bald mit Juarez verständigt und zogen ihre Truppen zurück, während die Franzosen, die den wieder erschienenen, früher verbannten mexikanischen General Almonte als Agitator für die Kandidatur des Erzherzogs Maximilian benutzten, nicht nur im Lande blieben, sondern auch den Kampf gegen die mexikanische Armee eröffneten, die unter Führung des Generals Zaragoza einen Sturm auf

Puebla am 5. Mai 1862 erfolgreich zurückwies. Nun zogen die Franzosen bedeutende Verstärkungen heran und begannen mit der Belagerung von Puebla am 24. März 1863, das sich indessen unter General Ortega lange Zeit tapfer hielt, aber am 18. Mai überwunden sah. Der weitere Vormarsch bis zur Hauptstadt fand ohne Störung statt, und die Franzosen hielten daselbst am 10. Juni ihren Einzug. Juarez jedoch fiel nicht in die Hände der Sieger, da er sich bereits am 31. Mai mit dem Rest seiner Armee nach San Luis Potosi begeben hatte, das nun den Sitz der Nationalregierung bildete. Der französische General Forey rief alsbald eine Versammlung von 215 Notabeln ein, die Mexiko als Kaiserreich proklamierte. Da der Präsident an der einberufenen Versammlung infolge seiner Abwesenheit nicht teilnahm, so konnte auch von einer Einwilligung seinerseits nicht die Rede sein. Der Monarch sollte ein katholischer Fürst sein, und so fiel die Wahl auf Maximilian, Erzherzog von Österreich. Als diesem der Thron angetragen wurde, stellte Maximilian unter anderem die Bedingung, Kaiser Napoleon solle ihm solange es nötig sei eine Militärmacht zur Verfügung stellen, was denn auch geschah. Maximilian und seine Gemahlin Charlotta, Tochter des Königs Leopold I. von Belgien, wurden am 12. Juni gekrönt und bestiegen den Kaiserthron. Nicht lange dauerte es, so machte sich bedenkliche Unzufriedenheit bemerkbar, die sich infolge eines Gesetzes Maximilians steigerte, welches jede Person in Waffen gegen die Regierung als Banditen erklärte und die Erschießung von vier Generälen zur Folge hatte. Der Kaiser ging von der Meinung aus, Juarez habe das Land aufgegeben und somit bestehe kein Krieg mehr. Inzwischen fand nun eine Opposition der Vereinigten Staaten gegen die erfolgte Errichtung einer Monarchie in Mexiko, die unter dem Schutze europäischer Truppen stand, statt, und ein diesbezüglicher an Napoleon eingereichter Protest

6. 1. Statue des Kriegsgottes Huitzilopochtli. 2 u. 3. Altmexikanische Gefässe. 4. Opferstein.
5. Stein mit Zeichen astronomischer Bedeutung.

hatte das Resultat, daß Napoleon Kaiser Maximilian seinen Schutz entzog und die französischen Truppen abkommandierte. Im März 1867 verließ der Rest derselben das Land. Anstatt, wie es das beste von seiten Maximilians in seiner nunmehrigen Schutzlosigkeit gewesen wäre, das Kaiserreich ebenfalls zu verlassen, blieb der Kaiser trotzdem im Lande, und die Katastrophe ließ nicht auf sich warten. Präsident Juarez rückte von der Nordgrenze, El Paso, heran und traf bei San Jacinto mit General Miramon zusammen, der vom Kaiser abgesandt war, Juarez gefangen zu nehmen. Miramon wurde gänzlich geschlagen, zog sich nach Queretaro zurück, wo er sich mit Maximilian vereinigte. Vom Süden her nahte General Porfirio Diaz, welcher Puebla einnahm, während Queretaro von General Escobedo drei Monate lang belagert wurde und schließlich am 15. Mai 1867 fiel. Maximilian und seine beiden Generäle Miramon und Mejia wurden gefangen genommen und das Todesurteil über alle drei ausgesprochen. Am 19. Juni 7 Uhr früh wurden der Kaiser und seine beiden Generäle vor der Stadt Queretaro erschossen, nachdem sich die Gemahlin des Kaisers vergeblich um Hilfe und Unterstützung flehend an Napoleon gewandt hatte und auch ihre Fürbitte beim Papst ohne Wirkung geblieben war. Neunzehn Generäle wurden von Juarez auf Verwendung der Vereinigten Staaten nachträglich begnadigt.

Bei aller Sympathie, die jedermann für den unglücklichen Kaiser Maximilian sicherlich empfindet, kann man sich der Ansicht nicht verschließen, daß Juarez das Recht auf seiner Seite hatte. Derselbe war vom Volke gewählt und als rechtmäßiger Präsident von den Vereinigten Staaten anerkannt worden, er konnte daher nur von seinem eigenen Volke als solcher wieder abgesetzt werden. Die Versammlung der Notabeln hatte keine Befugnis dazu, und die angebliche Volkswahl zur Sanktionierung des Beschlusses jener war nichts weiter als ein künstlich gemachtes, nicht

gesetzmäßiges Vorgehen. Juarez war nach wie vor der Präsident des Landes, der nur der Übermacht auswich, sich derselben aber nie ergeben hatte. Wie daher die Verhältnisse lagen, mußte Kaiser Maximilian, nachdem er von Napoleon III. so schmählich verlassen worden war, als Opfer des Nationalstolzes der Mexikaner fallen.

Juarez wurde im Jahre 1871 wiederholt zum Präsidenten gewählt, doch starb er bereits das Jahr darauf. Ihm folgte Lerdo am 1. Dezember 1872, und wiederum wurde das so schwergeprüfte Land der Schauplatz mehrerer Revolutionen. Erst dem jetzigen Präsidenten Porfirio Diaz, der im Februar 1877 gewählt wurde, war es vorbehalten, durch seine ungewöhnliche Energie der Republik dauernd Ruhe zu verschaffen; infolge umsichtiger Handhabung der Regierung gelang es ihm, Handel und Gewerbe des Landes in überraschender Weise zu heben, wie auch die Finanzen vor dem vollständigen Ruin zu retten. Mit Unterbrechung von nur vier Jahren (1880—84), während welcher Zeit Manuel Gonzales mit mangelhaftem Erfolge Präsident war, leitet Porfirio Diaz die Regierung zum Segen seines Landes. Er hat es trefflich verstanden, im Innern den Frieden aufrecht zu erhalten, so daß das Land von weiteren Bürgerkriegen, die dasselbe nahe an den Abgrund gebracht hatten, verschont geblieben ist.

Religion der alten Mexikaner. Inwiefern die Kosmogonie, Theogonie und damit verbunden der Kultus und die Symbolik der Mexikaner, wie auch ihre Sitten und Gebräuche denen der Ägypter ähneln, läßt sich kurz zusammenfassen. Bei beiden Völkern finden wir den Polytheismus und die Kasteneinteilung, die Heilighaltung der Flüsse und die den gleichen Tieren zuteil gewordene göttliche Verehrung; der Wolf und die Schlange wurden z. B. hier wie dort verehrt. Die Mumisierung war den Peruanern bekannt, und daher blieb die Kunst der Einbalsamierung auch den Mexikanern nicht fremd. Nach Acosta verstanden sie es, ihre Königsleichen 200 Jahre zu konservieren. Beide Völker hatten die Sitten, den Toten solche Gegenstände mit ins Grab zu geben, die ihnen im Leben besonders lieb gewesen waren; wir werden später noch darauf zurückkommen. Die Lehre von der Seelenwanderung, einem guten und bösen Prinzip, wie auch die religiösen Büßungen hatten die Mexikaner mit manchen Völkerschaften der alten Welt gemein. So war ihnen z. B. Teotl, als höchstes Wesen, der Inbegriff alles Guten und Tlacateolototl das Sinnbild des Bösen, denn dieser erschien dem Menschen nur, um ihm Leid anzutun. Die Ägypter hatten die Dreieinigkeitslehre, die Trimurti in den Gottheiten Osiris, Isis und Horus zusammengefaßt, die Mexikaner durch Ho, Vitziloputzli und Tlalok. Auch das Festhalten gewisser Symbole hatten sie mit den Ägyptern gemein, die Verehrung des Phallus, als Zeichen der Fruchtbarkeit, das Symbol der Sonne (Bochika), wie das des Mondes (Chia), die übereinstimmen mit Osiris und Isis der Ägypter.

Aus allem, was uns hier als verwandt mit ägyptischen Verhältnissen entgegentritt, ohne weiteres eine wirkliche Verwandtschaft zwischen den Urbewohnern Mexikos mit denjenigen Ägyptens zu schlußfolgern, wäre wohl ein gewagtes und zweifelhaftes Unternehmen. Die Lage eines Landes, die Bodenverhältnisse, das Klima bilden die Grundlagen für das Emporblühen des Menschengeschlechts; sind die Vorbedingungen zu der Entfaltung nach gewissen Richtungen hin geschaffen, so werden sie Gesetz auch für die kulturelle Entwicklung des Volkes. Daher ist es gar nicht ausgeschlossen, daß eine gleiche Prädisposition bei Nationen entsteht, die niemals im Leben miteinander in Berührung gekommen sind; diese drängt sie dann zu analoger Ausbildung in Sitten und Gebräuchen und erzeugt dieselben in ganz verschiedenen Weltgegenden in moderierter Form. Solche verwandte Boden- und klimatische Verhältnisse liegen nun aber bei den hier in Frage kommenden Ländern in ausgeprägter Weise vor, so daß eine frappante Ähnlichkeit zwischen diesen Völkern durchaus nicht als etwas Wunderbares oder nur durch erfolgte Einwanderung zu Erklärendes betrachtet zu werden braucht.

Große Anklänge finden sich in der Kosmogonie der Mexikaner an die mosaische Schöpfungsgeschichte; sie berichtet von einem Menschenpaare, das sich im Zustande der Glückseligkeit befand und von diesem herabsank. Die Sage erzählt von einer großen Überschwemmung und der Entfliehung des Coxcox und seiner Frau Xochikuatzl in einem Nachen, der Entsendung eines Vogels, der mit einem grünen Zweig zurückkam; sie weiß auch von einem Turmbau, der bis zum Himmel reichte, zu berichten.

Wir wollen uns nun mit der Erklärung einiger Götzenbilder beschäftigen, die allerdings nur einen dürftigen Einblick in die Glaubenslehre der Mexikaner gestatten. Da ist zunächst als bekanntester Quetzalcoatl, der Gott der Luft (übersetzt heißt der Name: die mit Federn besetzte Schlange), der mit einem Oberpriester in Tula, der einstigen Hauptstadt des Toltekenreiches, identifiziert wurde; er soll ein Mann gewesen sein, der mit hervorragend guten Eigenschaften begabt war und seinem Volke eine weise Gesetzgebung schuf. Dann folgt im Pantheon Tescatlipoca, der Gott der Vorsehung, ein Gott fast im christlichen Sinne, der aus der Verehrung eines alten Mannes hervorgegangen sein soll, der den Quetzalcoatl zu bewegen vermochte, Tula zu verlassen und sich nach Cholula zu wenden.

Über allen stand der schöpferische Urgott Tonacatecutli, dem als Gott des Himmels, des Lichts und des Feuers Anbetung zuteil ward; der Wolkendämon war Mixcoatl, der Gott der Feldfrüchte Cinteotl, der Gott der Berge Tlaloc; diese letzteren drei waren neben mehreren anderen Erdgötter.

Einer besonderen Besprechung bedarf Huizilopochtli, der Gott des Krieges, ein auserlesenes Scheusal, das keuscherweise von einer Frau geboren worden sein soll und vom ersten Tage seines Daseins an Schrecken unter der Bevölkerung verbreitete. Eine nähere Beschreibung dieses fürchterlichen Ungeheuers bringen wir in einem der nächsten Abschnitte, sein Bild auf Tafel 6.

Die Schlange wurde vielfach symbolisch im Zusammenhange mit Göttern abgebildet und scheint sowohl als böses wie als gutes Prinzip zur Darstellung gekommen zu sein, wie sie ja auch bei asiatischen Völkern sowie bei Europäern, Amerikanern, in den bacchischen Mysterien und chinesischen Mythen in beiderlei Bedeutung auftritt. So wurde der Natur des Drachens und der Schlange etwas Göttliches beigelegt, welchen Glauben die Phönizier und Ägypter ebenfalls geteilt haben. Bei den letzteren treffen wir sie als Kneph oder Knuphis an; aus ihrem Munde ging das Ei hervor, das dem Ptah sein Dasein gab. Da der Name Quetzalcoatl als Gott der Luft eine Schlange bedeutet, so ist es leicht möglich, daß sie als Symbol der produktiven Kraft und Wärme, wie bei den Indern, oder als solches der Regenspenderin, nach dem Glauben der Moki-Indianer, verehrt wurde.

Wie in Ägypten gab man den Verstorbenen Penaten oder Idole (Abb. auf Tafel 4) mit ins Grab, nur bestand bei den Mexikanern eine genaue Regel über die Anzahl der dem Toten zustehenden Idole; so erhielt ein Fürst sechs, ein Edler vier und der Mann aus dem Volke nur zwei derselben als Begleiter in die Ewigkeit. Die Bestattung erfolgte in verschiedener Weise, die Toten wurden entweder verbrannt, unversehrt beigesetzt oder auch einbalsamiert, doch kam die letztere Art nur bei hochstehenden Personen vor. Verbrannt wurden für gewöhnlich alle Leute, die eines natürlichen Todes gestorben waren, die anderen versenkte man in die Erde, in beiden Fällen aber gab man dem Gestorbenen einen Haushund als treuen Reisebegleiter mit. Die Asche wurde nach erfolgter Verbrennung in einer Vase aufbewahrt, unter Beifügung von Kleinodien im Verhältnis zu dem Stande des Toten. Wie weit man in dieser Beziehung ging, erhellt daraus, daß im Jahre 1576 bei den Ruinen der Stadt Chimu in Peru in einem Grabe an fünf Millionen Gold vorgefunden wurde. Außer den Idolen erhielt der Verstorbene Lebensmittel und Geschenke sowie seine Lieblingsgegenstände aus der Lebenstätigkeit mit in die Unterwelt; so gab man dem Krieger Schild und Schwert, den Frauen die Spindel und Schmuck mit.

Religiöse Büßungen und Selbstpeinigungen scheinen bei den Mexikanern sehr üblich gewesen zu sein; man ließ sich, um die Sünden abzubüßen, an Armen und Beinen, an der Nase, den Ohren und Lippen, ja sogar an der Zunge zur Ader, eine Sitte, die Quetzalcoatl eingeführt haben soll. Hierzu verwendete man außerordentlich scharf geschliffene Steinmesser, deren wir später noch Erwähnung tun werden.

Über mexikanische Bilderschriften.

Wie schon weiter vorn erwähnt, haben wir es dem Fanatismus der spanischen Eroberer zu danken, daß von den herrlichen Werken der ältesten Kunst der Azteken und Mayas nur so geringe Reste auf uns gekommen sind, die auch heute noch ein nur dämmeriges Licht über die Vergangenheit der alten Mexikaner zu verbreiten vermögen. Die kunstvollen Manuskripte, die in Bilderschrift über die älteste Geschichte, Religion und Gebräuche des Volkes berichten, sind in Flammen aufgegangen, und das wenige Gerettete, das zum Teil der Gelehrtenwelt sehr schwer oder gar nicht zugänglich ist, wurde in alle Winde verstreut. Eine der hervorragendsten Bilderschriften jener alten Zeit ist entschieden die Mayahandschrift der Königl. Öffentlichen Bibliothek zu Dresden, 74 Tafeln enthaltend, die in einer Reproduktion vor uns liegt*). Das wundervolle, nur in 50 Exemplaren vervielfältigte Werk ist wohl das einzige der Art, was hinsichtlich der Reproduktion auf vollständige Treue Anspruch machen kann, da dieselbe auf dem Wege der Naturfarbenphotographie vorgenommen worden ist. Die von Geh. Hofrat Prof. Dr. Förstemann herausgegebene Publikation hat in der Gelehrtenwelt begeisterte Aufnahme gefunden und besonderes Aufsehen auch insofern erregt, als bei der Gelegenheit die Farbenphotographie erstmalig eine praktische Anwendung fand. Aus diesem Meisterwerke photo-mechanischer Wiedergabe haben wir die auf Tafel 7 reproduzierten Abbildungen entnommen, die, auf die Hälfte der Originalgröße verkleinert, drei Manuskriptseiten umfassen. Die absolut getreue Vervielfältigung war zweifellos dazu geeignet, das Studium der Entzifferung zu fördern, denn eine Entstellung der Schriftzeichen, wie dies beim sorgfältigsten lithographischen Kopieren vorkommt, war gänzlich ausgeschlossen. Da die Farbe der Schriftzeichen für die Deutung von Wert zu sein scheint, so wurde auch nach der Richtung Garantie der Treue gewährt, und doch liegt noch immer dasselbe Dunkel über den mexikanischen Hieroglyphen wie vordem, wenigstens stehen die Deutungen auf recht schwachen Füßen.

Der Stoff der Originalmanuskripte ist bei allen existierenden aus der Pflanze Metl (Agave mexicana) hergestellt und mit einer feinen kreideartigen, für die Bemalung sehr geeigneten Schicht überzogen. Die Tafeln haben eine Größe von 85 : 295 mm, sie bilden eine zusammenhängende und

*) Verlag von A. Naumann & Schroeder, Leipzig 1882.

7. **Mayahandschrift.** (In halber Verkleinerung).

leicht faltbare Reihe. Daß wir es bei dem Dresdener Kodex nicht mit einer Handschrift der Azteken, sondern einer solchen des Mayastammes im Yucatan zu tun haben, beweisen deutlich die noch vorhandenen Ruinen der Tempel im Yucatan, insbesondere desjenigen zu Palenque, wo wir Reliefs finden, die lebhaft an die Bilderschrift auf unserer Tafel erinnern.

Ein Werk, die mexikanischen Bilderschriften behandelnd, unerreicht hinsichtlich Ausstattung und Sorgfalt der Ausführung, welches nicht einmal erreicht wird von dem unter Napoleon I. geschaffenen Werke über Ägypten, ist dasjenige, welches der irische Lord Viscount Kingsborough zu Anfang des vorigen Jahrhunderts herstellen ließ. Dasselbe verschlang in der Ausführung die Summe von 600 000 Mark, und die einzelnen Exemplare kosteten nach dem Erscheinen 3500 Mark. Leider ist in diesem Werke kein Versuch gemacht worden, die Hieroglyphen zu entziffern, der Autor hat sich vielmehr bemüht, hinsichtlich der Abstammung der Aboriginer Mexikos einer seiner Lieblingsideen Geltung zu verschaffen, die darin gipfelt, dieselben als eingewanderte Juden aus Ägypten hinzustellen. So sind eigentlich die ungeheuren Kosten für ein der Wissenschaft wenig zugängliches Werk einer recht wertlosen Sache geopfert worden.

Die angeführte Idee der Abstammung an und für sich hat zweifellos etwas Bestechendes, und der Autor versteht es entschieden, derselben den Eindruck der Wahrscheinlichkeit zu geben. Er führt unter anderem aus, daß die von Herera vertretene Meinung, Mexiko sei von der Westseite her zuerst kolonisiert worden, unbedingt falsch, vielmehr das Gegenteil sicher der Fall sei, nämlich die Kolonisierung von Osten her. Für diese Annahme führt er wichtige Momente an, so z. B. die große Meeresströmung von Afrika herüber nach den amerikanischen Küsten und die damit verbundene leichtere Erreichung dieser; ferner das Navigationstalent, das in allen Zeitaltern europäische und diejenigen asiatischen Stämme auszeichnete, die die Küsten des mittelländischen Meeres bewohnten. Daß eine Besiedelung von der Westseite her, über den Stillen Ozean und den Isthmus von Kalifornien mit fast unüberwindlichen Schwierigkeiten zu jener Zeit verknüpft gewesen wäre, ist einleuchtend, um so mehr, wenn man in Betracht zieht, daß, wie aus der Mayahandschrift zu Dresden (43. Seite) hervorgeht, damals Boote gebräuchlich waren, die aus Schlangenhaut hergestellt wurden.

Ferner nimmt Lord Kingsborough auf einen Ausspruch Alex. von Humboldts Bezug, der lautete, daß, wenn uns genau die Lage der alten aztekischen Königreiche bekannt wäre, wir wahrscheinlich auch daraus entnehmen könnten, von wo aus die ersten Ansiedelungen stattgefunden haben. Lord Kingsborough führt nun an, daß die Namen der Königreiche selbst schon darüber Aufschluß gäben, da sie allesamt auf eine ägyptische Herkunft hinweisen. So z. B. bedeute der Name des alten Reiches Tlapallan: die rote See, und Huetlapallan: die alte rote See, Bezeichnungen, die ja ohne weiteres mit Ägypten in Verbindung gebracht werden können. Der Name des Reiches Amaquemacam bedeutet eine papierene Hülle und könnte sich daher auf das Land der Papyrusrollen beziehen, Aztlan heißt Land der Flamingos, womit der in Ägypten verehrte Ibis, eine Flamingo-Spezies gemeint sein dürfte, während die Abstammungen der anderen Namen zu sehr gesucht erscheinen, als daß wir sie anführen möchten. Nehmen wir dazu manches Verwandte in den Lebensgewohnheiten zwischen Azteken und Ägyptern, so kann man sich der Ansicht nicht verschließen, daß die Wahrscheinlichkeit einer Kolonisation vom Nillande her ziemlich nahe liegt. Angenommen, dies war der Fall, — warum müssen es aber dann gerade Juden gewesen sein, die nach Mexiko kamen? Ist es die Profillinie in der Zeichnung der Gesichter in den Bilderschriften, die als Beweis jüdischer Abstammung mit geltend gemacht werden soll, so ist vor allen Dingen zu berücksichtigen, daß die Bilder einen rein jüdischen Gesichtsschnitt nicht zeigen, sie ähneln vielmehr in den Profilen sehr stark den Porträts der alten Ägypter in jenen Abbildungen, die nicht an die traditionelle Auffassung gebunden waren, d. h. wo der Mensch genau so gezeichnet wurde, wie er in Wirklichkeit aussah. Man vergleiche z. B. in unserem 2. Bande „Ägypten" die Figur des auf Seite 37 abgebildeten Königs Amenophis IV., der nicht durch die Kunst verschönt werden wollte, und man wird die gleiche Profillinie des Gesichts finden wie bei den Figuren in den Bilderschriften der Azteken und Mayas. Die alten Ägypter haben nicht selten größere Seereisen unternommen und könnten daher allerdings auch nach dem Golf von Mexiko gekommen sein.

Solange aber kein Umstand die Evidenz eines im grauesten Altertum stattgefundenen Verkehrs zwischen den Völkerschaften der alten mit der neuen Welt über den Atlantischen Ozean dartut, muß man denselben als eine Hypothese betrachten und als wahrscheinlicher annehmen, daß eine Einwanderung von Hochasien aus nach der neuen Welt stattgefunden hat. Die Sagen vieler Indianer weisen auch darauf hin, daß ihre Voreltern von Norden kamen.

Das Werk Lord Kingsboroughs hat immerhin den Vorzug, daß es Forschern, die mit der nötigen Ausdauer und den erforderlichen Kenntnissen begabt sind, die Möglichkeit bietet, durch Vergleichung einer Anzahl in verschiedenen europäischen Bibliotheken wohlverwahrter Manuskripte Licht in das geheimnisvolle Dunkel der Bilderschriften zu bringen. Leider ist die reichste Quelle, aus der geschöpft werden könnte, unbeachtet geblieben, da das nach Spanien gerettete Material beiseite gelassen wurde; gerade dort aber liegen die größten Schätze altmexikanischer Bilderschriften, die freilich teilweise sehr schwer zu erreichen sind. Es befinden sich solche Manuskripte im Escurial zu Madrid und anderen spanischen Archiven, vor allen Dingen in Simancas bei Valladolid, wo ein solcher Reichtum derartiger Tafeln aufgehäuft ist, daß sie, in 873 großen Bündeln verwahrt, eines der größten Gemächer des Archivs füllen. Diese letzteren Schätze sind indessen Fremden zur Besichtigung fast unzugänglich, und an ein Kopieren ist nicht zu denken, da die Erlaubniskosten dafür so hoch sind, daß sie ein ernstes Hindernis bilden. Daß alle spanischen Manuskripte in Lord Kingsboroughs Werk ausgelassen wurden, ist unverständlich, da doch die Annahme so nahe lag, die Spanier würden als erste Eindringlinge in das Reich der Azteken manche kostbare Schrift jener alten Zeit hinter Mauern verborgen halten, die sie nicht einmal alle gestohlen haben mußten, denn tatsächlich hat ja Montezuma zahlreiche Kostbarkeiten als Zeichen seiner Hochachtung an Kaiser Karl V. gesandt, worunter sich auch wertvolle Manuskripte befanden, wie aus einem Verzeichnis über eine Schiffsladung von Geschenken hervorgeht (Chronica de la Nueva Espagna, Kap. 34), bestehend aus: Gold- und Silberschmuck, herrlichen Fellen, Artikeln verfertigt aus bunten Federn, schönen, farbigen Geweben und unter anderem auch indianischen Büchern mit Figuren, welche, wie es heißt, die Indianer als briefliche Mitteilungen benutzten. Diese Bücher seien gefaltet gleich Stoffen und beschrieben auf beiden Seiten; sie seien verfertigt aus Metl (also Agave mexicana). Dies sind mithin ganz gleiche Blätter gewesen, wie sie unsere Tafel 7 in der Verkleinerung zeigt.

Tatsache ist auch, daß die ersten spanischen Missionare, so verfolgungswütig sie das Gebot jenes Fanatikers Zumaraga ausführten, alle mit Götzenbildern versehene Manu-

8. Maquay-Anpflanzung, Pulque-Gewinnung.

skripte den Flammen zu übergeben, die Gelegenheit wahrnahmen, für sich selbst zusammenzustehlen, dessen sie habhaft werden konnten, und diese Schätze sind es, die noch heute in spanischen Klöstern, wahrscheinlich in staubigen Rumpelkammern, verborgen liegen. Die gottlosen Götzenbilder scheinen nach der Ansicht jener übereifrigen Mönche nur im Besitze des rechtmäßigen Inhabers verderblich gewesen zu sein — infolge schlecht angebrachter Bigotterie warf man sie ins Feuer. Aber die frommen Männer scheuten sich nicht, diese fluchwürdigen Schriftstücke in die Klostermauern aufzunehmen.

In bezug auf die Entzifferung der Schriftzeichen schien es einmal plötzlich Licht werden zu wollen. Viele hatten sich berufen gefühlt, sich an die Übersetzung heranzuwagen, aber nur mit dem Erfolge, alles noch mehr zu verwirren; viele Deutungen machten der Phantasie der Urheber alle Ehre, sie zogen sich jedoch nachträglich die Verurteilung aller gewissenhaften Kenner zu. Es hatte sich nämlich eine Bilderschrift gefunden, die aus dem Besitze des früheren Bischofs von Merida im Yukatan, Diego de Landa, stammte. Dieser starb in Madrid, hatte aber seinerzeit selbst tätigen Anteil an der Verbrennung der Mayamanuskripte genommen und sich mit dem Studium derselben beschäftigt. In seiner Hinterlassenschaft wurde nicht nur die Erklärung für eine Menge ideographischer Zeichen, sondern auch ein völliges Alphabet sowie die Zählmethode, der Kalender, eine Grammatik und ein Lexikon der Mayasprachen aufgefunden. Hieraus könnte man schließen, die Mayaschrift würde nun ohne weiteres zu lesen gewesen sein, doch dies war trotzdem nicht der Fall, man war damit um keinen Schritt weiter vorwärts gekommen. Ungenauigkeit der Zeichenwiedergabe, die Vermischung phonetischer mit ideographischen Zeichen, Verschiedenheit des Dialektes und der Zeit, aus der die Handschriften stammen, teilweise Zerstörung wichtiger Stellen, das sind die Verbündeten gewesen gegen die Eindringlinge in die Mysterien der Bilderschrift. Dabei ist noch in Betracht zu ziehen, daß die von Diego de Landa überlieferten 71 Zeichen, selbst wenn sie verläßlich waren, schon deswegen wenig zu helfen vermochten, weil in den Bilderschriften etwa 700 Zeichen vorkommen. Alles, was mit Sicherheit behauptet werden kann, ist, daß die Berichte mythischen, historischen und rituellen Charakter tragen, die durch Profilzeichnungen von Figuren sowie Schriftzeichen erklärt werden, und zwar so, daß das von der gezeichneten Gestalt Gesprochene oder Erzählte neben dieser steht. Mr. Bollaert in London hat in seinen „Examination of Central American Hieroglyphs" viele sinnreiche Deutungen der Dresdener Mayahandschrift" niedergelegt, die, soweit sie die Figuren betreffen, kaum anfechtbar sind, die Übersetzung der phonetischen Zeichen aber ist mit Vorsicht aufzunehmen. Als sicher in der Deutung sind die Zahlenzeichen anzusehen, die durch Striche und darüberstehende Punkte dargestellt werden, sofern sie nicht über die Zahl 20 hinausgehen; ein Strich bedeutet 5 (nach der Zahl der Finger an der Hand) ein Punkt dagegen 1. Die Zahl 17 wird also z. B. so geschrieben ≝; die Zeichen der Zahlen über 20 aber sind nicht genau bekannt. Daß die Zahlenreihen in Rot und Schwarz dargestellt wurden, hat sicherlich einen tieferen Sinn, obgleich dies von manchen Gelehrten verneint wird; es ist nicht anzunehmen, daß der Schreiber eines auf so hoher Stufe künstlerischer Begabung stehenden Volkes, welcher sich bei der Zeichnung minutiöser Genauigkeit befleißigte, nur zum Zeitvertreib die Rohrfeder in verschiedene Farben tauchte.

Die geretteten Manuskripte lassen die Höhe erkennen, auf der die graphischen Künste bei den Mayas und Azteken standen und gewähren uns zugleich einen Einblick in die Gebräuche und Lebensweise dieses interessanten Volkes.

Obgleich sich aber bei den Ureinwohnern Mexikos in den noch erhaltenen geringen Überresten von Tempeln der Sinn für schöne Formen in der Ornamentik deutlich erkennen läßt, so vermissen wir denselben durchweg in den Bilderschriften. Aus diesem Umstande scheint uns hervorzugehen, daß die Niederschriften, die zumeist politische, historische und religiöse Vorkommnisse dokumentieren, aus Pietät in ihrer Urform der illustrativen Darstellung durch Jahrtausende beibehalten wurden, wie wir dies ähnlich im alten Ägypten schon gesehen haben*). Es handelte sich hier sozusagen um historische Denkmäler, an denen die Ehrfurcht eines feinfühlenden Menschen nicht gern rührt und daher Änderungen an dem Traditionellen als eine Entweihung empfindet. Wir sind daher nicht in der Lage, an Hand der Hieroglyphen der alten Mexikaner die graduelle Entwicklung der Kultur von Stufe zu Stufe, aus dem Stadium der Barbarei bis zur Aufklärung zu verfolgen.

Wie unsere Abbildungen, die aus dem bereits erwähnten Werke „die Mayahandschrift" entnommen sind, dartun, besteht die Schrift nicht allein aus Bildern, sondern sie befindet sich im Zusammenhange mit zahlreichen Zeichen, so daß diese Hieroglyphen etwas Verwandtes mit denjenigen der alten Ägypter aufweisen, wenn von einer Verwandtschaft der beiden Völker überhaupt die Rede sein kann. Während aber die ägyptischen Hieroglyphen seit langer Zeit Geheimnisse vor uns nicht mehr zu verbergen vermögen, liegt noch immer über den mexikanischen ein dichter Schleier.

---

*) Vergl. „Mit Camera und Feder durch die Welt", Band II, Ägypten, Seite 35.

Altmexikanische Kunst und Architektur.

Die Denkmale längst vergessener Völker sind die Fackel, welche die oft mit Finsternis umhüllte Urgeschichte der Menschen erhellen. In artistischer Hinsicht dagegen geben uns solche Gebilde Kunde von der allmählichen Entstehung und Ausbildung der Kunst bei einem Volke; in den Eigentümlichkeiten ihres Stils spricht sich der bedingte Charakter desselben und seine etwaige Stammverwandtschaft mit anderen Völkern aus, denen sie entweder ein Prototyp waren, oder denen sie nachahmend ihre Kunstbildung verdankten. Ein erster flüchtiger Blick auf die Abbildungen der Tafeln 2 und 3, die den Überresten der Ruinenstätte zu Palenque entnommen sind, wird jeden Beschauer durch die auffallende Ähnlichkeit überraschen, die sie mit den altägyptischen Skulpturen und Bauten zeigen. Wenn die Figuren auch in bezug auf Rundung der Formen und Korrektheit derselben den ursprünglichen der Ägypter nicht angereiht werden können, so sind sie doch den Werken der Ptolemäer zu vergleichen, die bei der Darstellung des Nackten gekrümmtere Linien und in der ganzen Figur mehr Beweglichkeit zeigen. Den Unterschied in der Auffassung sieht man am deutlichsten bei der Zeichnung der Arme und Beine, die eine Schönheit und Korrektheit aufweisen, die wir bei den ägyptischen Skulpturen vergeblich suchen, während der Hals, die Kopfbildung sowie die Gesichtszüge nicht als schön bezeichnet werden können. Da es nun nicht anzunehmen ist, daß der Künstler eine Verschönerung der Arme und Beine vornahm und dabei den edelsten Teil des Körpers vernachlässigte, so müssen wir wohl glauben, daß die Gestalten zwar kräftige und wohlgebildete Gliedmaßen hatten, aber an Schönheit des Antlitzes zu wünschen übrig ließen. Schon Alex. von Humboldt machte bei Gelegenheit der Auffindung von Basreliefs bei den Ruinen in der Nähe von Oaxaka die Bemerkung, daß

9. Beim „Tortilla"-Backen.

einzelne Teile der dargestellten Figuren, als zum Beispiel Hände und Füße, einen hohen Grad von Kunstvollendung verrieten.

Betrachtet man die Abbildungen näher, so finden sich charakteristische Merkmale an den Figuren, die sich an jene der ägyptischen Tempel anlehnen. Dahin gehört die bei den meisten Personen angebrachte Schürze, welche vom Unterleibe bis über die Mitte der Hüfte hinabfällt, sowie die symbolischen Zierate auf den Köpfen und die Profilstellung, ferner die vorgestreckten Hände mit den dargebrachten Opfergaben oder emporgehaltenen Symbolen. Die Ägypter stellten ihre Götter bekanntlich mit symbolischen Attributen dar, wie z. B. Ammon mit zwei großen Federn, Mut mit dem Kopfe des Geiers oder dem Symbol des Lebens, dem gehenkelten Kreuz, und Chonsu mit der Mondsichel. Der König erhielt außer den Sinnbildern seiner Königswürde, Krummstab und Geißel, dasjenige des Sieges, das Sichelschwert. Der gleichen Sitte begegnen wir bei den Götterbildern der Mexikaner, wie auch bei den Abbildungen der aztekischen Könige, die mit solchen Attributen erscheinen, die ihre bilderreichen Namen kennzeichnen. So z. B. erhielt der König Huitzilihuith, dessen Name Kolibrifeder heißt, als Insignie einen kleinen Vogel mit einer Kolibrifeder im Schnabel. Chimalpoca (rauchender Schild) hatte als Attribut ein Schild, von dem Rauch ausgeht und Itzcoate (bewaffnete Schlange) dasjenige einer Schlange mit kleinen Spießen bewaffnet.

Nicht minder beachtenswert sind die Gesichtszüge der Figuren, an welchen die Stirn, Nase und dicken Unterlippen besondere Eigenheiten bilden; die an der Mexikanerrasse von heute nicht wahrzunehmen sind.

Wenn aber etwas dazu angetan wäre, in uns die Überzeugung entstehen zu lassen, daß die Ägypter ihre Wissenschaften und ihre Kultur nach Mexiko verpflanzt haben, so sind die Reste der im Lande verstreuten uralten Bauwerke in erster Linie dazu geeignet. Hier wie dort sind Pyramiden aufgeführt worden, von denen sich die bedeutendsten Überreste bei Cholula unweit Puebla befinden. Die hiesigen Pyramiden erinnern uns allerdings nicht im entferntesten an die scharf geschnittenen, massigen Bauwerke, die in Ägypten so unvermittelt aus dem Sande der Wüste emporragen, denn die größte Pyramide zu Cholula hebt sich als ein mit Sträuchern und Bäumen bewachsener Hügel, auf dem eine schöne Kirche steht, aus der Ebene heraus. Nichts läßt die Vermutung in uns aufsteigen, daß da nicht nur ein gewöhnlicher Bergkegel die Landschaft ziert, sondern daß Millionen Steine von Menschenhänden zusammengetragen worden sind, die unter unendlichen Mühen zu einer Pyramide gehäuft wurden. Nichts läßt darauf schließen, daß wir uns an einer Stelle befinden, an der einst eine altmexikanische Großstadt stand, denn Cholula ist nur ein kleines Städtchen, das zu Füßen seiner großen Pyramide sich nicht viel besser ausnimmt, als das unscheinbare Araberdorf zu Füßen der Pyramide zu Gizeh. Es ist ein ungeheurer Bau aus sonnengetrockneten Ziegeln, der sich aber doch recht winzig im Vergleiche zu den gigantischen Bergen, die den Hintergrund bilden, ausnimmt. Die Höhe der Pyramide beträgt heute noch 59 m; während jede der vier Seiten der Basis mehr als 300 m mißt, d. h. also etwa das Doppelte der Cheops-Pyramide. Der Pyramide zu Cholula ist weit schlimmer mitgespielt worden als der des Cheops; hat man dort nur eine Anzahl Steine zur Aufführung neuer Bauten entführt, so sind hier ein breiter Fahrweg und zwei gepflasterte Fußwege herausgebrochen und für die Pferdebahn ein Durchstich quer durch eine Ecke der Pyramide gemacht worden. Bei dieser Gelegenheit hat sich erwiesen, daß die mexikanischen Pyramiden gleichfalls als Begräbnisstätten gedient haben, da der Durchstich eine mit Stein verkleidete Kammer zutage förderte, die zwei menschliche Skelette und mehrere bemalte Vasen und Götzenbilder aus Stein enthielt. Während aber die ägyptischen Pyramiden mit glatten Kalksteinplatten belegt und somit unbesteiglich waren, läßt sich an den Pyramiden von Cholula deutlich noch heute erkennen, daß an jeder der vier Seiten Treppen nach oben führten. Die Pyramide endete auch nicht in einer Spitze, sie bildete vielmehr oben ein großes Plateau, auf dem noch zu der Zeit, als Cortez das Land heimsuchte, ein großer, dem Luftgott Quetzalcoatl geweihter Tempel stand, welcher mit der bei den Spaniern so üblichen Promptheit schleunigst zerstört und durch eine christliche Kirche ersetzt wurde. Diese steht heute noch auf dem Gipfel. Ganz in der Nähe befinden sich noch zwei andere erwähnenswerte Pyramiden, Cerro de Acozac und Cerro de la Cruz, etwa 16 und 15 m hoch; diese beiden sind ebenfalls von Ziegeln erbaut, die erstere aber ist ganz steil, so daß zu deren Besteigung eine Leiter nötig ist. Außerdem sind über die ganze Ebene noch eine große Anzahl kleinere Pyramiden verstreut, die nicht besonderer Erwähnung wert sind, sie lassen nur darauf schließen, daß hier einst eine förmliche Nekropole gestanden haben muß.

Über die Geschichte dieser Pyramiden vermochten die Mexikaner bei der Ankunft des Cortez keine Mitteilungen zu machen, die vollständige Überwucherung läßt vermuten, daß sie noch viel älter sind als die Schwesterbauten in Ägypten. Offenbar ist die Sitte, den Königen pyramidenartige Grabstätten zu errichten, bei den Chichimeks eingeführt gewesen, wie uns auch ein auf der Ruinenstätte zu Palenque in Chiapas aufgefundener Turmbau zeigt, der eine entfernte Ähnlichkeit mit der Pyramide zu Medum in Oberägypten aufweist. Dieser Turm besteht aus drei Stockwerken und war höchstwahrscheinlich das Grabmal der drei Könige von Amaguamecan. Es ist interessant zu sehen, wie man beim Bau dieses ursprünglich jedenfalls nur für einen König bestimmten Grabdenkmals ein ähnliches Verfahren eingeschlagen zu haben scheint, wie bei den Vergrößerungsbauten der ägyptischen Pyramiden. Nachdem das unterste Stockwerk erstellt war und das Monument durch einen neuen Aufbau, der dem zweiten König als Grab dienen sollte, erhöht werden mußte, wurde der Umfang des Gebäudes durch Ummauerung des unteren Teils erweitert, ein Verfahren, das voraussichtlich fortgesetzt worden wäre, wenn zu den drei Stockwerken noch weitere als Begräbnisplätze hätten hinzugefügt werden müssen. Auf diese Weise würde dann ein der Pyramide zu Medum sehr ähnliches Bauwerk entstanden sein, das jetzt auch nur noch aus drei in Absätzen übereinander stehenden, turmartigen Etagen besteht*).

Vermutlich hat jedes Stockwerk als Familienbegräbnis eines Königs gedient, da in die Mauern eingefügte Steine weibliche Figuren, die mit ausgestreckten Armen ein Kind halten, als Basreliefs zeigen, was darauf schließen lassen dürfte, daß auch Königinnen und Prinzen hier mit beigesetzt worden sind.

Die obenerwähnte Ruinenstätte zu Palenque bildet die wichtigste Hinterlassenschaft der Urbevölkerung Mexikos, eine Stätte, die so verschollen war, daß die jetzige, nur wenig Stunden davon wohnende Bevölkerung sich in völliger Unkenntnis über die Bedeutung der Ruinen befand, die doch einstmals einer großen Stadt angehörten. Die Casas de piedras (Steinhäuser), so nannten die Eingeborenen die Bauten, waren, als Antonio del Rio i. J. 1787 sich zur Untersuchung der Ruinen aufmachte, so dicht von Buschwerk und Bäumen umgeben, daß sie sich nicht nur den Blicken vollständig entzogen, sondern auch ein Vordringen in das Dickicht ganz unmöglich war. Seit vielen Menschen-

---

*) Siehe Bd. II. Ägypten, Seite 112.

altern waren sie schon damals im Walde vergraben gewesen, als die spanischen Eroberer ins Land kamen, denen ihre Existenz auch nie bekannt geworden war. Erst nachdem einige hundert Indianer mit Äxten eine mangelhafte Ausrodung vorgenommen hatten, war es möglich, zu den Altertümern vorzudringen. Die Ruinenstätte bedeckt eine ungeheuer große Fläche, welche etwa an der Grenze zwischen Guatemala und dem Yukatan gelegen ist; die noch übrig gebliebenen Steinhäuser aber, 14 an der Zahl, liegen auf einer Anhöhe. In der Ausdehnung von 300 zu 200 m rechtwinklig ebener Fläche, am Fuße eines hohen Berges, gruppieren sich die baulichen Reste, in deren Mittelpunkt das größte der bis jetzt entdeckten Gebäude liegt. Die ganze Trümmerstätte dürfte ungefähr eine Kette von 8 Wegstunden bilden, doch ist die Breite derselben nicht im Verhältnis, da sie eine halbe Stunde kaum übersteigt. Die Lage der Stadt sowohl, als auch die Überreste einer steinernen Wasserleitung unter der Erde erinnern an Römerwerke und könnten leicht auf eine Beeinflussung von dieser Seite her schließen lassen.

Über diese Tempel schrieb Deppe 1825 in seinem Bericht: „Die wenigen Altertümer, welche aus diesen Ruinen bisher zutage gefördert sind, zeugen von einem von allem übrigen Mexikanischen abweichenden Charakter und haben die wunderbarste Volkssage veranlaßt, nämlich, daß dieser Ort schon lange vor Christi Geburt von Ägyptern erbaut worden sei. Man will daselbst vollständig erhaltene, große Tempel mit reichen Wandverzierungen gesehen haben und erzählt Wunder von den Tieren und Vögeln, die in diesen Ruinen hausen. Überhaupt trägt dieser südliche Teil des mexikanischen Reiches viel mehr Spuren einer höheren Kultur als der nördliche. In einem angrenzenden Hofe befindet sich auch der vorerwähnte Begräbnisturm“ (Tafel 2).

Aus dem Stil der Skulpturen, wie wir sie auf unseren

Abbildungen vorführen, auf eine bestimmte Kunstepoche zu schließen, wäre gewagt. Die Anklänge an den ägyptischen Stil sind so prägnant, daß es schwer wird, anzunehmen, die Mexikaner hätten sich ganz selbständig zu demselben durchgerungen. Will man versuchen, die Gebilde einer bestimmten Periode zuzuteilen, so würde die zweite ägyptische wohl am besten dazu angetan sein, d. h. die, wo die Ptolomäer in Ägypten regierten und die Bewohner des Landes mit den Griechen in nähere Verbindung traten. Zu jener Zeit wurde die Stellung der Figuren freier, die eckigen Linien wichen. Diesen wohltätigen Einfluß können wir z. B. im Tempel zu Dendera in Oberägypten erkennen, wo die Anmut der Linien, der milde Gesichtsausdruck, verbunden mit Erhabenheit, mit dem griechischen Kunststil sich vereinigten. Wo wir auf steife Linienführung stoßen, müssen wir annehmen, daß diese als Attribut der Würde streng gefordert wurde und als unverletzliches Zeichen des Anstandes unvermeidlich war, daß man mehr Gewicht auf das Symbolische der Gestalt als auf die Anmut des Ausdruckes legen mußte. Wenn es sich um die Darstellung von Götzenbildern handelte, traten der Kunst die Forderungen der Religion als entschiedene Hindernisse in den Weg, da hier das strenge Gesetz des Althergebrachten unumstößlich war; es konnte keinesfalls erlaubt werden, die einmal angenommenen Formen anders zu meißeln oder zu zeichnen.

Wir kommen nun zu jenen Abbildungen auf Tafel 2, die einen so ausgeprägt ägyptischen Typus tragen, daß es schwer fällt, sich des Glaubens an eine Beeinflussung der Ägypter auf die altmexikanische Baukunst zu entschlagen. Fig. 2 ist eine Abbildung aus Alex. von Humboldts Werk: Vues des Cordilléres etc. und stellt einen Teil des Hauses der Inkas im Königreiche Quito dar. Fig. 3 ist eine von Beulloch zu seinem Werke gelieferte Abbildung des Tores vom Kanal zu Chalco in Mexiko. Die Türen und Fenster des ersteren

Denkmals sind in Pyramidenform angelegt und daher in der Zeichnung unfehlbar ägyptischen Ursprunges, während das andere Bauwerk die getreue Wiedergabe eines ägyptischen Pylons ist. Es sind zwar ähnliche Bauten auch noch anderwärts angetroffen worden, wie in Pauliza in Griechenland und auf der Insel Euböa, worüber Hawkins schreibt: „L'indentité entre les deux constructions est complète; on ne trouve d'exemples analogues qu'en Egypte"; sie sind eben dann immer zweifellos ägyptischen Ursprunges.

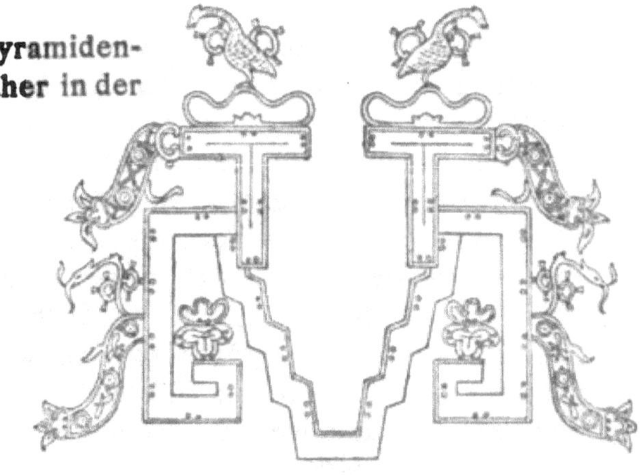

Hinsichtlich der Ornamentierung haben die Künstler jener alten Zeit Hervorragendes geleistet, wie sich an einigen spärlichen, der Zerstörung entgangenen Ruinenresten erkennen läßt. Zielbewußte, edle Linienführung findet sich besonders in den Ornamenten der Palastruinen des Yukatan, wovon die obenstehende genaue Abbildung Zeugnis ablegt; die Zeichnung stammt aus einer Zeit, da die Steine noch nicht so verwittert waren, wie sie heute sind. Leider haben seither in Mexiko nur sehr unzulängliche Ausgrabungen und Forschungen stattgefunden, von dem Schlage unserer berühmten Ägyptologen hat sich noch niemand mit den Palasttrümmern des Yukatan beschäftigt.

Wir wenden uns nun der Beschreibung einiger kunstvoller Gegenstände zu, deren Abbildungen Minutolis Beschreibung einer alten Stadt usw. entnommen und die besonders dazu angetan sind, die bedeutenden Leistungen vor Augen zu führen. Da die alten Mexikaner den Verstorbenen nebst mancherlei Gebrauchsgegenständen und Schmucksachen je nach dem Range mehr oder weniger Hausgötter, die sie Tepitotonen nannten, zum Schutze mit ins Grab zu geben pflegten, so sind uns eine Anzahl solcher Idole erhalten geblieben, die in Gräbern aufgefunden wurden. Derartige Idole, aus gebranntem Ton, Stein, Holz, kostbaren Metallen, sogar Edelsteinen verfertigt, waren sehr beliebt, sie wurden nicht nur in den Tempeln, sondern auch in den Privathäusern sowie in größerem Maßstabe auf öffentlichen Plätzen, Landstraßen, an Flüssen und im Walde aufgestellt und, wie in katholischen Ländern die Heiligen, verehrt und um Schutz angefleht. Die Franziskanermönche haben nach der Angabe Zumaragas, des ersten Bischofs von Mexiko, innerhalb 8 Jahren 20000 solcher Idole vernichtet; diesen Fanatikern war keine Mühe zu groß, das Land von den vermeintlichen Teufeln zu säubern. Unsere Tafel 4 enthält eine Anzahl in Gräbern aufgefundener, aus gebrannter Erde gefertigter Idole, die auf etwa ein Drittel der natürlichen Größe verkleinert worden sind.

Wie bei den Ägyptern tragen diese Figuren mehr oder weniger Schmuck auf dem Haupte und stehen mit symbolischen Darstellungen in Zusammenhang. Fig. 1 wird von einem Tier ins Kinn gebissen, Fig. 3 dagegen scheint einen Gegenstand oder ein Tier zu essen. Vermutlich sind manche der Embleme in Verbindung mit dem Mond- und Planetenwechsel, der Sonnenwende usw. Fig. 5 scheint die Mondscheibe auf dem Kopfe zu tragen, wie der ägyptische Gott Chonsu, während der Kopfschmuck der Fig. 4, 6, 7 und 10 an das Lotosknospenornament der ägyptischen Säulen erinnert.

Die auf Tafel 5 abgebildeten Gefäße 2 und 3 wurden offenbar zur Aufnahme von Lebensmitteln gebraucht; sie sind wahrscheinlich seinerzeit bei einer Leichenverbrennung mit auf den Scheiterhaufen gelegt worden, da die orangerote Tonmasse stark vom Rauch geschwärzte Stellen zeigt. Die Linien- und

10. Kalenderstein im Nationalmuseum zu Mexiko.

Arabeskenverzierungen sind in braunroter Farbe ausgeführt, und das Gefäß Nr. 1 ist in der Mitte durch eine Erhöhung in zwei Hälften geteilt. Solche Gefäße wurden beim Begräbnis zum Räuchern benutzt und alsdann den Toten mit ins Grab gegeben, fanden aber jedenfalls auch im Haushalt praktische Verwendung. Die Mexikaner hatten ohne Zweifel eine große Fertigkeit in der Herstellung derartiger Gefäße, wie aus einer beträchtlichen Anzahl am Rio Panuco aufgefundener Gegenstände dieser Art zu schließen ist. Tafel 6 zeigt einige Proben grotesker Gefäße, deren sich viele in der Berliner Sammlung befinden. Verraten dieselben auch nicht eine große Kunstfertigkeit, so lassen sie doch infolge ihrer außerordentlichen Verschiedenheit auf eine reiche Phantasie der Künstler schließen. Man liebte es, bei derartigen Vasen menschliche Gesichter oder Tiergestalten für die Form zu benutzen; die heiligen Gefäße zum Wasserschöpfen haben aber ganz die einfache, angenehme Form der altägyptischen Kanopen.

Kunstvolle Pfeilspitzen aus Obsidian (altmexikanisch Itzli) von weißlicher und bläulicher Farbe, teilweise opalisiert, sind zahlreich in der Nähe von Tampico, wo mehrere Pyramiden gestanden haben, aufgefunden worden. Es ist zu verwundern, wie die Eingeborenen ohne Beihilfe des Eisens diese Steinart, die überdies glasartig ist und muschelartig bricht, zu verarbeiten vermochten. Humboldt sagt, dies sei durch Reibung geschehen, was zweifellos richtig ist; mittels hartem Sand und einem Stößel oder Reiber sind mit unendlicher Ausdauer Gegenstände zustande gekommen, die unsere höchste Bewunderung erregen müssen. Im königl. Museum zu Berlin befindet sich ein Obsidianring von 7 cm Weite und 4 cm Höhe, dessen Wandung nur 3 mm dick ist, der auf diese primitive Art aus einem Stück Stein entstand. An solchen kunstvollen Arbeiten mußten die Frauen ihre Geduld erproben, und oft reichte ein Menschenalter nicht aus, um das Werk zu vollenden. Aus Stein geschliffene Messer, die jedenfalls von den mexikanischen Priestern bei der Menschenopferung gebraucht wurden, haben sich gefunden, die noch so scharf waren, daß man ohne weiteres damit hätte operieren können.

Eine große Geschicklichkeit besaßen die Mexikaner in der Konstruktion von Pfeifen und Flöten, wie die Zeichnungen auf Tafel 5 erkennen lassen. Die Fig. 5 und 6 stellen Pfeifen vor, die außer der gewöhnlichen Öffnung noch eine an der Seite haben; das Mundstück ist wie bei einer Klarinette und das Material schwarzglänzende oder überfirniste und gefärbte Erde. Neben gefälligen Formen sehen wir auch oft noch geschmackvolle Verzierungen (Fig. 5 und 7); die Flöten wurden bei heiligen Handlungen im Tempel benutzt. Bei dem Feste zu Ehren des Gottes Texcatlipoca trat der Priester vor den Tempel dieses Götzen, in der einen Hand Blumen, in der anderen eine irdene Flöte haltend, und nachdem er in alle vier Windrichtungen geblasen hatte, warfen sich alle Anwesenden zur Erde. Fig. 4 ist eine Flöte in $^1/_2$ Originalgröße, die außer der üblichen Öffnung noch 4 andere zum Modulieren der Töne hat. Das Mundstück gleicht dem des Oboe, während das auf der Zeichnung verstümmelte untere Ende trompetenartige Form besaß.

Am interessantesten aber ist die etwa in $^1/_4$ Originalgröße reproduzierte Panflöte; sie ist aus grünem Schiefer angefertigt und wurde auf dem Körper eines Inka gefunden. Das wohl einzige Stück dieser Art stammt aus dem Besitz Alex. von Humboldts. Daß die Panflöte oder Syrinx schon Homer und Hesiodus bekannt und das Instrument der griechischen und römischen Hirten war, bedarf kaum der Erwähnung, sie kommt aber auch vielfach auf den ägyptischen Denkmälern vor. Daß die Ureinwohner Mexikos ein ganz gleiches Instrument erfunden haben sollten, scheint etwas zweifelhaft. Dasselbe spricht zu uns von dem Kunstgeschick dieses alten Volkes und der vorgeschrittenen Ausbildung in der Tonkunst, wie wir aus der Konstruktion ersehen. Die Pfeifenröhren 2, 4, 6 und 7 sind mit kleinen Öffnungen versehen und geben, wenn sie offen gelassen werden, keine Töne von sich, werden sie hingegen geschlossen, so geben die 8 Röhren folgende Tetrachorde:

Da die Löcher eine beliebige Veränderung der Skala erlauben, ließ sich mit diesem Schlüssel leicht eine klingende Melodie hervorbringen.

Auf Tafel 6 Fig. 4 sehen wir einen Stein, genannt der Piedros de los sacrificios, der in Natur 3 m Durchmesser und 110 cm Dicke hat. Der Rand ist mit Figurenbasreliefs geziert. Das kostbare Stück befindet sich jetzt im Nationalmuseum zu Mexiko. Die Annahme, daß wir es hier mit einem Opferstein zu tun haben, liegt deshalb nahe, weil in

Piedros de los sacrificios.
(Aus „Mexiko, Land und Leute" von Ernst v. Hesse-Wartegg. Wien 1890).

der Mitte eine Vertiefung und eine Rinne ausgemeißelt sind, die jedenfalls zur Ansammlung und zum Ablaufen des Blutes dienten. Humboldt hält denselben für einen Temalacatl, d. h. einen Stein, auf dem vor versammeltem Volke die fürchterlichen Zweikämpfe zwischen den Gefangenen und mexikanischen Kriegern stattfanden. In einem alten Werke ohne Verfasserangabe werden die Temalacatl als einem gewaltigen Mühlstein ähnlich und mit Figuren geschmückt beschrieben, so daß man in der angegebenen Deutung wohl nicht fehlgehen dürfte. Nur gefangene Krieger von hohem Range und besonderer Tapferkeit wurden zu dem Kampfe zugelassen, der insofern ein sehr ungleicher war, als der Gefangene 6 mexikanische Krieger besiegen mußte, wenn er seine Freiheit erkämpfen wollte, anderenfalls verfiel er dem Opfertode; dieser bestand in Aufschneiden der Brust und Herausreißen des Herzens. Die Figur 5 der gleichen Tafel stellt einen kunstvoll geschnittenen Stein von 84 cm Durchmesser, in gelblicher Farbe und unbekannter Steinart dar. Die Gestalt in der Mitte dürfte ein Emblem der Sonne sein, und die 8 triangulären Strahlen im Umkreise bezeichnen vielleicht die Tagesabschnitte, wie dies z. B. bei den Ägyptern, Babyloniern und Persern der Fall war. Sie können aber auch je einen Tlalpilli (Zeitraum von 13 Jahren), mithin deren 4 ein Xiuhmolpili (Periode von 52 Jahren), alle 8 somit ein sogenanntes Alter, ein Cehuehuetilitzli, vorstellen.

Die drei Figuren 1 auf Tafel 6 veranschaulichen den fürchterlichen Kriegsgott der Mexikaner, Huitzilopochtli, von drei Seiten, und zwar stellt die Rückenansicht dessen Gattin Teoyamiqui vor. Bei dem ersten Blick auf die Vorderseite des Ungeheuers ist eine menschliche Gestalt gar nicht zu erkennen, erst die Betrachtung der Seitenansicht liefert den Kommentar zu der entsetzlichen Fratze; wir bemerken, daß der obere Teil einen breitgezerrten Kopf vorstellen soll, an

11. Schloss Chapultepec bei Mexico City.

dem sich die Augen befinden, und sehen den mit mächtigen Hauern bewaffneten Rachen. Die Arme laufen in Schlangenköpfe mit scharfen Zähnen aus, Schlangen bedecken das ganze Gewand und winden sich hinab zu den Füßen, die mit Tigerkrallen versehen sind. Die Brust ist mit abgehauenen Händen und einem Totenkopfe geschmückt. Dieses monströse Scheusal, dessen bloßer Anblick Entsetzen hervorruft, soll, da auch die untere Seite ein Bildnis und zwar das des Mictlanteuhtli, den Herrn des Todes, trug, als schwebende Bildsäule über dem Opferaltar im Hofe des Teocalli zu Tenochtitlan angebracht gewesen sein, so daß die unglücklichen menschlichen Schlachtopfer unter dem Bilde des Totengottes hingemordet wurden. Dieses 3 m hohe Götzenbild wurde 1790 auf der Plaza mayor in der Hauptstadt an der Stätte des früheren Teocalli vergraben aufgefunden, aber damals, um es dem Anblick des Volkes zu entziehen, wiederum in die Erde versenkt; jetzt befindet es sich ebenfalls im Nationalmuseum zu Mexiko.

Opferstätte auf dem Teocalli.

Opferaltar.

(Aus „Mexiko, Land und Leute“ von Ernst v. Hess-Wartegg. Wien 1890.)

Der mexikanische Kalender.

Dem Abt Clavigo verdanken wir die Kenntnis der alten mexikanischen Zeitrechnung, die mit derjenigen der Tolteken übereinstimmt. Das Jahr hatte wie bei uns 365 Tage, doch war dasselbe in 18 Monate zu je 20 Tage geteilt, so daß am Schluß des Jahres 5 Tage übrig blieben, die als „nemonteni" unbrauchbar bezeichnet wurden und an denen man infolgedessen nichts zu tun pflegte. Ein Jahrhundert bestand hingegen aus 52 Jahren und wurde in 4 Perioden, jede zu 13 Jahren, eingeteilt. Die Jahre hatten in ihrer Reihenfolge vier Namen: Tochtli (Kaninchen), Acatl (Rohr), Teopatl (Feuerstein) und Calli (Haus). Die Zeichnung der ersten 13 Jahre eines Jahrhunderts (52 Jahre) fing mit einem Kaninchen an, dann folgten die übrigen symbolischen Zeichen in der Weise, daß das 2. Jahr zwei Schilfrohre, das 3. drei Feuersteine und das 4. Jahr vier Häuser darstellte, das 5. fünf Kaninchen usw. Der 2. Zyklus von 13 Jahren beginnt mit dem Zeichen Rohr und schließt mithin auch mit diesem, die 3. Serie beginnt mit dem Zeichen eines Feuersteins, die 4. mit dem eines Hauses, so daß eine Verwechslung der einzelnen Jahre im Jahrhundert nicht vorkommen konnte. Da die Zahl 13 mithin ein Vierteljahrhundert bezeichnet, so ist auch das zahlreiche Vorkommen dieser Zahl oft mehrfach untereinander, worauf in der Einleitung zur Dresdener Mayahandschrift als besonders auffällig hingewiesen wird, leicht erklärlich.

In den historischen Überlieferungen wird dann z. B. erwähnt, daß die Wanderung der Tolteken von Amaguamecam nach ihrer Vertreibung von dort im Jahre „ein Feuerstein" begonnen, und daß ihre Niederlassung und Begründung des Reiches in das Jahr des „achten Rohrstengels" fiel, welche Daten etwa den Jahren 596 und 667 unserer Zeitrechnung entsprechen.

Wie tiefgehend bei den alten Mexikanern der Aberglaube mit dem Kalender verbunden war, geht aus einem Bericht des Bischofs von Chiapas, Don Francisco Numez de la Vega, hervor, der sich über eine Sekte, die dem Nagualismus huldigte, folgendermaßen ausspricht: „Die Nagualisten treiben ihr Werk durch abergläubische Kalender, in welchen die ewigen Namen aller Naguals: der Sterne, Elemente, Vögel, Säugetiere und Amphibien eingetragen sind, mit Bemerkungen über die Monate und Tage, in der Absicht, daß die Kinder, sobald sie geboren sind, dem Wesen geweiht werden mögen, welches an dem Tage der Geburt im Kalender steht. Sie bestimmen dann den Ort, wohin nach Verlauf von 7 Jahren das Kind in Gegenwart des Naguals zu bringen ist, daß es die eingegangene Verbindlichkeit erfülle. Dann muß das Kind den Nagual liebevoll umarmen, welcher wirklich, wer mag wissen durch welche teuflischen Künste, sehr sanftmütig und den Kindern zärtlich zugetan scheint, obgleich er eine Bestie von so grimmiger Natur sein mag wie der Löwe, der Tiger usw. Mit ihrer verruchten höllischen List überreden sie die Kinder, dieser Nagual sei ein Engel, von Gott gesandt, für ihr Glück Sorge zu tragen, sie zu beschützen, zu unterstützen und zu begleiten, man müsse zu ihm beten bei allen Gelegenheiten, Geschäften und Ereignissen, wo Hilfe not sei."

Wenngleich die Einteilung der Tage und Monate im altmexikanischen Kalender von demjenigen der alten Ägypter abweicht, ist es doch begreiflich, wenn manche Gelehrte den Ursprung desselben in jener Wiege der Wissenschaften suchen. Man beachte, daß das mexikanische Jahr mit dem 26. Februar begann, welcher Tag seit Nabonassers Zeit, 747 Jahre vor Christus, gefeiert ward, weil die ägyptischen Priester ihren astronomischen Beobachtungen gemäß den Anfang ihres Monats Thot und ihren Jahresanfang auf die Mittagsstunde dieses Tages gesetzt hatten. Während aber die

Mexikaner die am Jahresschluß übrig gebliebenen 5 Tage als nutzlos verbrachten, feierten dagegen die Ägypter, wie Plutarch in seiner Geschichte über Isis und Osiris berichtet, in der gleichen fünftägigen Zeit das Fest der Geburt ihrer Götter.

Im Nationalmuseum zu Mexiko ist uns ein altes Kunstwerk, ein Kalenderstein, erhalten geblieben (Tafel 10), dessen Sinn vielfach angezweifelt worden ist, der nichtsdestoweniger aber in seiner Bedeutung als solcher anerkannt werden muß. Dieser schön geschnittene, mächtige Block soll ursprünglich in einer der Mauern des Tempels zu Tenochtitlan eingesetzt gewesen sein; nach dessen Zerstörung hat er lange Jahre unter der Erde verschüttet gelegen, feierte aber schließlich doch seine Auferstehung. Im Volke geht die Kunde, daß die Teopixcui (Priester) die Weihung dieses Steines mit der Opferung von 700 Menschen vollzogen haben.

Von New York nach Mexico City.

Dem sich von New York nach Mexiko begebenden Reisenden bieten sich vorzügliche Eisenbahnverbindungen für diese mehrtägige Fahrt. Es kommt bei der Wahl der einzuschlagenden Routen natürlich sehr darauf an, welche Gegenden der Vereinigten Staaten noch besucht werden sollen; wir ziehen nur die direkte Linie von New York aus in Betracht, gehen aber dabei von der Annahme aus, daß wenigstens die Städte Buffalo, Chicago und St. Louis bei der Gelegenheit mit berührt werden sollen. Für diejenigen, die zuerst Station in Chicago zu machen gedenken, bietet sich eine vorzügliche Verbindung über die New York Central & Hudson River R. R. mit dem unübertroffenen „20th Century Limited Train“, der die ungeheure Strecke in 20 Stunden zurücklegt. Dieser Salonzug I. Klasse setzt sich zusammen aus Salon- und Schlafwagen, Staterooms (separierte vornehme

12. Denkmal des Neffen des letzten Montezuma „Cuautemoc“ in Mexico City.

Abteilungen), Observation und Dining Cars, Buffet, Library- und Smoking-Rooms und nimmt von Buffalo an seinen Weg am Eriesee entlang über die Lake Shore und Michigan Southern R. R. Von St. Louis an hat der Reisende dann die Annehmlichkeit direkter Schlafwagen, die ihn durch die Staaten Missouri, Arkansas und Texas an die mexikanische Grenze in Laredo am Rio Grande del Norte bringen. Ohne Wagenwechsel geht es dann weiter bis nach Mexico City über die National Railroad. Die Länge der Strecke Laredo—Mexico City beträgt etwa 1291 km, die ganze Fahrt dauert von New York aus ungefähr vier Tage.

Der erste Ort von Bedeutung, den wir auf mexikanischem Gebiet erreichen, ist Monterey, die Hauptstadt des Staates Nuevo-Leon. Als sehr verkehrsreiche, rasch emporblühende Stadt ist sie außer mit den Vereinigten Staaten noch durch die Mexican-Central Railway mit dem Hafen von Tampico im Golf von Mexiko, durch die National R. R. mit San Luis Potosi und die International-Bahnlinie mit Torreon und Durango, bezw. weiter mit Tepehuanes verbunden. Mit ihren etwa 65000 Einwohnern, von denen die meisten Amerikaner sind, macht die Stadt durchaus den Eindruck einer gut gebauten amerikanischen Kolonie. Monterey ist Sitz eines Bischofs, hat viele öffentliche Gebäude und eine Kathedrale, die den allgemeinen Typus trägt, den die Spanier bei dem Bau der Kirchen in Mexiko angewandt haben. Von den großen Schmelzereien, Geschäftshäusern, Minenbesitzungen usw.

ist weitaus das meiste in amerikanischen Händen. Die Stadt läßt an Sauberkeit nichts zu wünschen übrig, und die sie einrahmenden hohen Berge, die sich mit ihren hochaufstrebenden Zinnen teilweise recht kühn gestalten, geben der Stadt ein malerisches Aussehen. Ein Fluß mit klarem, kalten Wasser läuft durch dieselbe, und die Ufer sind stellenweise mit schattigen Bäumen eingerahmt, so manches einladende Plätzchen zum Baden bildend, an denen sich die Bewohner auch zahlreich einfinden. In der reizenden fruchtbaren Ebene ergießt sich über alles, was wir schauen, ein so fröhlich schimmernder Sonnenglanz, daß auch die ärmlichste Hütte ihre Traurigkeit verliert; der herrlich blaue Himmel, die wundervolle, klare Luft, die dem Auge so wohltuenden, grünen Flächen, all dies gestaltet sich zusammen zu einem lieblichen Bilde. Infolge der gesunden Lage wird Monterey neuerdings als Winterkurort besucht, wozu es sich der trockenen Luft wegen auch zweifellos eignet. Den Hintergrund der Stadt beherrschen der 1260 m hohe Cerro de la Silla, der eine verblüffende Ähnlichkeit mit der eigentümlichen Form eines mexikanischen Reitersattels hat, und der Cerro de las Mitras, 1100 m hoch.

Eine Niederlassung hat sich hierselbst bereits im Jahre 1560 befunden, die aber erst durch Fray Diego de Leon 1596 durch Errichtung fester Bauten zu einer dauernden wurde. Die Wahl der Stätte war zweifellos eine glückliche, und eine geeignetere, lieblichere wäre wohl kaum im ganzen Lande zu finden gewesen. Wenn man im Lande Mexiko weit herumgekommen ist, dabei oft genug in öden, unermeßlichen Distrikten von dem so lästigen Staub geplagt wurde, das Auge sich lange Zeit nicht an grünen Ebenen erfreuen konnte, dann wird man die fruchtbaren Flächen, die sich hier ringsumher ausbreiten, die wasserreichen Flüsse, die abwechslungsvollen Gebirgsformationen mit Freude begrüßen. Die Temperatur ist in Monterey, infolge der verhältnismäßig niedrigen Lage von 670 m, eine ununterbrochen hohe, aber nicht erschlaffend wirkende.

Sehr zu empfehlen ist ein Besuch von El Obispado, eine auf einem Hügel dicht hinter der Stadt gelegene Ruine, es sind dies die Überreste des 1790 erbauten Bischofspalastes mit sehr interessanter Ornamentik der Fassade; von dem Plateau aus genießt man eine umfassende Aussicht über das ganze Tal und die Stadt. Von Monterey aus sind die wohlbekannten heißen Quellen von Topo Chico leicht zu erreichen, und der Weg dahin, durch eine schöne Talebene, bildet einen sehr angenehmen Ausflug. Die Bäder, mit einem guten Hotel verbunden, sind stark besucht, und der Ruf der heilkräftigen heißen Quellen geht zurück bis in die Zeit Montezumas, dessen Tochter die Bäder krank und schwach aufsuchte und wie neugeboren in die Arme ihres Vaters zurückgekehrt sein soll.

Bei genügender Zeit lohnt es sich, die Tropfsteinhöhlen von Garcia zu besuchen, die, wenn sich mehrere Personen an der Besichtigung beteiligen, künstlich beleuchtet werden. Die außerordentlich weitläufigen, bis zu 30 m hohen Höhlen, von denen manche förmliche Säle mit großen Stalaktitensäulen bilden, gewähren mit all den grotesken Gebilden des Tropfsteins einen feenhaften Anblick. Wenn man bei effektvoller Beleuchtung den Hauptraum, „die Kirche“, betritt, bekommt man den Eindruck, als träte man in ein Zauberschloß ein. Die Höhlen haben viel Ähnlichkeit mit den berühmten Adelsberger Grotten.

Das Monterey von heute ähnelt nicht mehr dem schon vor 25 Jahren von der amerikanischen Presse angeschwärmten Orte mit den damals überschwänglich gepriesenen Heilquellen. Wohl mag sich zu der Zeit Monterey auch bereits vorteilhaft über das Niveau der anderen Ortschaften des nördlichen Mexiko erhoben haben, während aber damals der Titel „mexikanisches Paradies“, den man der Stadt beilegte, nur relativ aufgefaßt werden durfte, kann er dagegen heute als absolut bezeichnet werden. Noch v. Hesse-Wartegg*), der Mexiko zuletzt Ende der 80er Jahre sah, schrieb bei seiner Ankunft in Monterey: „Ich hatte von der Stadt und ihrem famosen Hotel soviel Wunderbares gelesen, daß meine großen Erwartungen auf recht harte Weise enttäuscht wurden. Schmutzige, öde, staubige Straßen, ebenerdige Adobehäuser, ganz wie in den hundert anderen Städten des Aztekenlandes; weiter gegen den Mittelpunkt etwas anspruchsvollere Häuser, die aber nach der Straße hin auch nur finstere Steinmauern und mit starken Eisengittern versehene Fenster zeigen; ein paar Kirchen und endlich die Plazas mit Baumanlagen und Blumenbeeten — das ist das vielgerühmte Monterey", dann wird das Hotel als schmutzige Fonda, mit dunkeln Kammern und hölzernen Pritschen als Schlafstellen, geschildert. — Das ist also etwa 20 Jahre her, und wir erwähnen die vorstehende Schilderung nur deswegen, um zu veranschaulichen, was die amerikanische Invasion zustande gebracht hat. Der vom Norden her nach Mexiko vordringende Reisende wird heute auf seiner ersten Station daselbst einen Unterschied in der Lebensweise gegenüber derjenigen der größeren Städte in Texas gar nicht bemerken, denn der Charakter Montereys ist kein mexikanischer mehr. Wirtschaftlich ist von Norden ausgehend ein so entschiedener Einfluß der Vereinigten Staaten in Mexiko bemerkbar, daß man sich wohl fragen muß, wann der Zeitpunkt kommen wird, der den Yankees als der geeignetste erscheinen dürfte, Mexiko eine weitere Sorge um einen Teil seiner Landeskinder abzunehmen. Solange der Präsident Porfirio Diaz lebt und regiert, wird sich keine Gelegenheit bieten, zur Schere zu greifen, um der Landkarte eine andere Gestalt zu geben; sollte jedoch Mexiko späterhin wieder durch Revolutionen

---

*) Mexiko, Land und Leute. Wien 1890.

heimgesucht werden, so dürften sich die Vereinigten Staaten, nachdem sie in dem ausgedehnten Eisenbahnnetze kreuz und quer durch alle Gebiete des Landes so enorme Kapitalien festgelegt haben, zweifellos veranlaßt sehen, Mexiko unter die schützenden Fittiche des Unionadlers zu nehmen. Der Onkel Sam hat keine Eile in der Angelegenheit, die sich je langsamer, je besser zu entwickeln verspricht; die Spekulation ist eine gute und sichere, denn eine ewige Ruhe wird der Republik Mexiko wohl schwerlich beschieden sein. Die früher mexikanischen Staaten, über denen das Sternenbanner jetzt weht, befinden sich alle wohl und sind aufgeblüht unter dem neuen Regimente. Der weite Blick, den der Yankee nun einmal für alle geschäftlichen Unternehmungen hat, im Verein mit der beispiellosen Rücksichtslosigkeit gegen alles, was sich seinen Interessen hindernd in den Weg stellt, haben ihn zu staunenswerten Erfolgen verholfen, wie wir sie z. B. in Kalifornien erlebt haben. Allerdings ist der Vorteil dabei immer in erster Linie auf seiner Seite gewesen, die vom Tische des großen Herrn abfallenden Brocken kamen dann der ureingesessenen Rasse zugute, wenn sie als Arbeiter zu brauchen war, sonst nahm die Bevölkerung einfach sehr schnell ab. Die Autochthonen Nordamerikas sind ja heutzutage auch auf den Aussterbeetat gesetzt. Der „weite Blick" hat also bis jetzt immer das Richtige getroffen, und so wäre es auch ein Irrtum, wollte man die amerikanische Eisenbahninvasion in Mexiko nach dem momentanen Anschein als eine verfehlte Spekulation betrachten.

Daß die Amerikaner, ohne sich die Sache genau zu überlegen, Hunderte von Millionen Dollars für das mexikanische Eisenbahnnetz aufwenden würden, ist wohl kaum anzunehmen. Sowenig wie sie lediglich die Absicht hatten, dem Räuberwesen auf der Landstraße durch die Eisenbahnen ein Ende zu bereiten, sowenig ist ihnen die Tatsache unbekannt gewesen, daß das Verhältnis der für die Kultur des Landes in Betracht kommenden Bevölkerung (etwa die Hälfte der Gesamtzahl von 13 Millionen) zu den 14573 km sich in Betrieb befindenden Eisenbahnen, unter Berücksichtigung der kolossalen Strecken unkultivierten Landes, kein günstiges ist. Die Einwanderung nach Mexiko, besonders aus den Vereinigten Staaten, nimmt indessen alljährlich bedeutend zu, und die Ausbeute an Mineralien steigert sich beständig derart, daß sich auch die Rentabilität der Eisenbahnen nach und nach bessern wird. Für die Vereinigten Staaten bilden die Eisenbahnen in Mexiko aber jedenfalls eine Macht, die für die Zukunftspläne eine kraftvolle Unterstützung abgibt.

Das nächste Ziel unserer Reise, San Luis Potosi, ist etwa 500 km von Monterey entfernt, welche Strecke noch lange mit der Diligence bereist werden mußte, als die Eisenbahnlinie Monterey-Laredo schon in Betrieb war. Die Fahrten hatten entschieden das eine Bemerkenswerte an sich, daß sie dem Passagier sich für Lebenszeit einprägten. Heutzutage hat der Tourist, der nicht ganz Mexiko durchstreift, wenig Gelegenheit mit der 6spännigen Maulesel-Diligence Bekanntschaft zu machen; wenn es hin und wieder doch der Fall ist, so hat die Fahrt einesteils an Romantik viel eingebüßt, und andernteils wird sie nicht mehr von so viel tragikomischen Zwischenfällen gewürzt, wie dies früher der Fall war. Das erstere deswegen, weil seit der Einführung einer geordneten Regierung die Banditen reihenweise aufgehängt, und das letztere, weil die unergründlichen Löcher der Landstraßen, in welche der Foltertransportkasten geriet, und durch welche die Maultiere trotz ihrer bewunderungswürdigen Geschicklichkeit stolperten, teilweise ausgefüllt worden sind. Immerhin sind derartige Vergnügungsreisen so, daß man nicht lange nachdem man in dem Vehikel Platz genommen hat von dem lebhaften

Wunsche, wieder auszusteigen, beseelt wird. Die Kutsche hat gewöhnlich drei Bänke mit je drei Plätzen, bei der Raumberechnung ist jedoch für die Beine wenig Rücksicht genommen worden, so daß man sich mit seines Gegenübers Knien in fortwährender Berührung befindet; von einem Ausstrecken der Beine kann keine Rede sein. Mexikanische Landstraßen sind nicht Verkehrswege nach gewöhnlichen Begriffen, auf Ebenheit des Terrains darf man auch heute vielerorts noch keine Ansprüche machen. Kleine und große Steine, quer über den Weg laufende Vertiefungen und fußtief ausgefahrene Stellen bilden keine eigentlichen Hindernisse. Die Maultiere, vom Kutscher mit kleinen Steinen bombardiert, von denen er zum Gebrauche die Taschen immer voll hat, überwinden alle Hindernisse des Weges mit dem Aufgebot aller Kräfte — dabei aber des armen Passagiers keine Rücksicht nehmend, der nicht selten ruckweise aus einer Ecke in die andere fliegt oder auf dem Schoße einer anderen Person, ohne Ansehung des Geschlechts, landet. Was man sich für die Reise mit der Diligence für Wetter wünschen soll, ist nicht leicht zu sagen, und überlassen wir daher dem Leser lieber die Entscheidung darüber selbst, uns darauf beschränkend, auf die Eigentümlichkeiten der Bodenverhältnisse aufmerksam zu machen. Wenn längere Zeit Trockenheit geherrscht hat, so ist die Landstraße mit einer so hohen Staubschicht bedeckt, daß ein Fußgänger oft bis an die Knöchel in dieselbe versinkt. Die unverdrossen dahingaloppierenden Maultiere wirbeln natürlich eine mächtige Staubwolke auf, die sich schön geformt über den Wagen hinwegwälzt und nach und nach eine Ablagerung auf Kleidern und Gepäck zustande bringt, die eines Fingers Dicke nicht viel nachsteht. Trotz energischer Gegenwehr ist es nicht zu vermeiden, daß sich auf Gesicht und Händen ein krustenartiger Niederschlag bildet, sowie Nase, Augen und Ohren in arge Mitleidenschaft gezogen werden. Alle diese Leiden fallen weg, wenn starke Regengüsse stattgefunden haben; dann ist die sonst staubige Fläche in einen Morast verwandelt, in dem die sechs mal vier Beine der vor dem Wagen herspringenden Zugtiere ein tolles Treiben vollführen. Der konsistente Schmutz fliegt in Klumpen und Klümpchen jeder Größe nach allen Seiten auseinander und, von den Hinterbeinen der Tiere befördert, in elegantem Bogen über, auf und in die Diligence, die infolgedessen einer erstaunlich kurzen Zeit bedarf, um in einen Schutthaufen verwandelt zu werden. Die Speichen der Räder verschwinden vollständig, sie erscheinen nur noch als Scheiben, und die Maultiere nehmen nach wenigen Stunden durch Ansatz von außen bedeutend an Umfang zu. Wie schon erwähnt, gehören die Diligencefahrten heutzutage zu den Seltenheiten, immerhin sind sie zum Besuche mancher historischen Stätte nicht zu vermeiden, so z. B. bei dem Ausfluge nach den Ruinen zu Mitla.

Von Saltillo an, unweit Monterey, hat die Bahn bis nach Carneros eine bedeutende Steigung zu überwinden, die auf die geringe Entfernung ungefähr 1600 m beträgt, so daß wir nunmehr bei 2000 m Höhe in die Tierra fria gelangen. Während der Fahrt bietet sich dem Auge ein angenehmes Bild, wir sehen Hazienden inmitten grünender Maisfelder, da es an guter Bewässerung hier nicht mangelt, auch fehlt es nicht an interessanter Staffage zur Belebung der Szenerie.

13. Die Kathedrale zu Mexiko City.

Caballeros zu Pferd und zu Fuß, mit den mächtigen Sporen klirrend, dem großen Sombrero auf dem Kopfe, ziehen vorüber; nicht selten sehen wir auch auf den Stationen halbnackte Indianer mit ihren Weibern und Kindern herumlungern, die einen erbarmungswürdigen Eindruck machen und ein elendes Dasein fristen. Bei Agua Nueva hört die Vegetation auf. Wer nicht besonders delikat hinsichtlich der Speisen ist, kann auf manchen Stationen von nichts weniger als appetitlich aussehenden Weibern eine Portion des so beliebten mexikanischen Nationalgerichtes Frijoles probieren, um sich mit diesen schwarzen Bohnen, die ihm auf der Reise noch oft vorgesetzt werden, beizeiten bekannt zu machen. Auch Garbanzos (Kichererbsen) sind eine vielbegehrte Speise, und beide Gerichte schmecken wirklich — wir wollen ihnen gern Gerechtigkeit widerfahren lassen — richtig zubereitet, recht gut.

Nun geht es hinein in eine wüstenartige Landschaft, in der nicht viel mehr gedeiht als Kakteen, Agaven, Zotol, Zolomandoque, Lechugilla und wie alle die auf kümmerlichem Boden wachsenden Pflanzen heißen, die den Frauen für die kunstvollen Matten- und Deckengewebe die Fasern liefern, aus denen sie auch ganz reizende Gefäße zu flechten verstehen. Nur wenige Oasen gleichende Strecken, wie bei La Ventura, heben sich vorteilhaft von der Öde des staubigen Landstriches ab, in dem die Gräser nur ein kümmerliches Dasein zu fristen vermögen. Die kahlen Höhen der Sierras grenzen das Wüstengebiet ab, in dem auch der Mesquite, mit der graugrünen Krone, sich nur als verkrüppelter Baum entwickeln kann. Nachdem wir wieder in fruchtbare Distrikte eingetreten sind, erreichen wir Vanegas, ungefähr mittwegs zwischen Monterey und San Luis Potosi, wo eine kleine Zweigbahn in das reiche Minengebiet von Catorce (zu deutsch: Vierzehn) abzweigt. Es verdankt seinen Namen einer berüchtigten Bande von 14

Straßenräubern, die hier lange Zeit ihr Unwesen getrieben und den Schrecken der gesamten Bevölkerung gebildet haben. Aus dem Gebirge ragt der gewaltige Cerro del Fraile, 2760 m hoch, auf, und am Fuße desselben befinden sich die großen, ungemein ergiebigen Silberbergwerke nebst bedeutenden Schmelzereien.

Bevor wir die nächste Station Laguna Seca erreichen, wird der Wendekreis des Krebses bei La Maroma überschritten. Nun eilt der Zug in schnurgerader Richtung auf einem Terrain ohne Bodenerhebungen wohl gegen 150 km weiter; zweifellos könnte hier eine kolossale Fahrgeschwindigkeit entwickelt werden, wenn der Schienenweg für eine solche eingerichtet wäre, doch da dies nicht der Fall ist, müssen wir uns mit 60 km in der Stunde begnügen. Der zurückzulegende Weg bis nach Bocas (134 km von Catorce) erscheint wie eine nicht endenwollende Ebene. Zu sehen gibt es hier außer stacheligen Mesquitesträuchern, Kakteen und sehr viel Steinen, zwischen denen Eidechsen herumhuschen, nur noch die so anspruchslose Agave, die aber ein kummervolles Dasein fristet. Darüber breitet sich der schöne tiefblaue Himmel, und die Sonne scheint die noch übrig gebliebene dürftige Vegetation mit ihren Strahlen versengen zu wollen. Die Luft ist klar und trocken, so daß auch weit entfernte Gegenstände mit auffallender Deutlichkeit zu sehen sind; trocken auch wird uns der Gaumen, doch wir haben nicht nötig, Not zu leiden, was unser leibliches Wohlbefinden zu sichern imstande ist, können wir leicht im Zuge selbst erhalten.

Schon bei Moctezuma gestaltet sich die Gegend durch ausgedehnte Maisfelder zu einem freundlichen Bild, aber in Las Bocas haben wir eine der schönsten Hazienden Mexikos vor uns, die, vom Eisenbahnwagen aus gesehen, einer soliden Festung mit Türmen gleicht, jedoch außerhalb der Mauern mit Gärten eingerahmt ist, die in tropischer

Vegetation und einem herrlichen Blumenflor prangen. Dergleichen großartige Hazienden sind viele über das nördliche Mexiko verstreut; sie erinnern an unsere Ritterburgen des Mittelalters, mußten sie doch auch oft genug den räuberischen Überfällen mexikanischen Gesindels standhalten. Es war durchaus keine seltene Erscheinung, daß der Alkalde*) eines Ortes selbst mit den Ladroncillos**) unter einer Decke stak; wenn man sich dann nach der stattgefundenen obrigkeitlichen Verfolgung der Spießgesellen wegen des Resultates erkundigte, so hörte man regelmäßig, daß sie „not much" gefangen wären. Kein Wunder, daß früher bei den Amerikanern das Urteil über das Land lautete: „Mexiko is no country!" Die Regierungen vor Diaz' Zeit waren einfach nicht imstande, mit Erfolg gegen das Brigantentum vorzugehen; so wählte man nicht selten den Ausweg, mit dem Haupt der Bande, unter Zahlung einer hohen Entschädigungssumme für die Einstellung des Räuberhandwerks Frieden zu schließen. Das Banditenoberhaupt wurde dann Armeegeneral, der erfolgreich gegen seine eigenen verlassenen Leute zu Felde zog, da er deren Schlupfwinkel und Schliche genau kannte. Mancher der tüchtigsten Armeehaudegen hat die Lehrzeit unter den Räubern absolviert, später aber zum Wohle des Vaterlandes gefochten.

Bocas ist jetzt Eigentum der Familie Frias und dürfte den Wert von einer Million $ besitzen; ungefähr tausend Menschen finden auf der Hazienda, die auch eine Brennerei für Mesquale und Tequilla***) besitzt, Beschäftigung.

Unter dem früheren Besitzer hat Las Bocas eine bedeutende Rolle in politischer Beziehung gespielt. Als einer der reichsten Hazienderos in Mexiko rüstete er während

*) Gemeindevorstand und Dorfrichter.

**) Räuber.

***) Aus Wurzeln der Agave destillierte kräftige Liköre.

des Unabhängigkeitskrieges auf seine alleinigen Kosten eine Abteilung aus und stellte das Fähnlein den Spaniern zur Verfügung.

An Sonn- und Feiertagen bieten derartige kleinere Orte in den kühlen Abendstunden ein buntes Bild. An den Eingängen der Häuser bilden sich dann überall malerische Gruppen; die Männer mit ihren breitkrämpigen, oben zuckerhutförmigen Hüten, kühn umgeworfenen Serapen in allen Farben und den meist hübschen Gesichtern, in denen die dunklen Augen blitzen, machen einen durchaus angenehmen Eindruck, während die daneben in ungezwungener Haltung hockenden Frauen, mit der unvermeidlichen Zigarette im Munde, unserem Geschmacke weniger entsprechen. In Haltung und Gebahren prägt sich Indolenz und Trägheit aus. Wir gelangen nunmehr weiterhin in ein bergiges Gebiet, wo mancher schöne Ausblick unser harrt, und bald nähern wir uns einer der wichtigsten Städte Mexikos, San Luis Potosi, in einer ausgedehnten, fruchtbaren Ebene liegend, in der Gärten und Pflanzungen sich weithin ausbreiten und bis an die Berge hinziehen, die die reiche Stadt in der Ferne einrahmen. Sie liegt am östlichen Abfall des Hochlandes, im Quellbezirk des Rio Panuco, 525 km von der Hauptstadt entfernt und in 1875 m Seehöhe. Die Stadt ist, so jung und frisch sie auch erscheint, schon ziemlich alt und nicht erst durch die Eisenbahnen zur Blüte gelangt. Eine Niederlassung hat bereits im 16. Jahrhundert hier bestanden, aber erst etwa hundert Jahre später erhob sich diese zu einer Stadt, von da an sich zu einem Handelszentrum für den Osten des Landes ausbildend. Jetzt stellt sie einen wichtigen Knotenpunkt der Mexican-Central R. R. dar, sowohl nach Nord und Süd, wie auch nach dem Hafen von Tampico.

Der Bahnhof befindet sich hier ausnahmsweise einmal nahe dem Zentrum der Stadt, was sonst in Mexiko nicht

14. Spanische Kirchenarchitektur in Mexiko.

oft der Fall ist. Sobald wir San Luis Potosi betreten, erhalten wir einen recht freundlichen Eindruck von der Stadt, da uns der Weg nach dem Hotel über die bedeutendsten Plätze, die mit prächtigen Bäumen bewachsen sind, führt. Die Gebäude sind durchweg von Stein und zeigen teilweise hervorragend schöne architektonische Formen. Peinliche Reinlichkeit herrscht überall, denn die städtische Verwaltung hat es sich zur Aufgabe gemacht, in dieser Beziehung das Möglichste zu erreichen. In den Läden treffen wir allerorts lebhaften Verkehr an, die Verkäufer haben stets alle Hände voll zu tun, denn es fehlt nicht an kauflustigem Publikum, woran sich die Wohlhabenheit der Bevölkerung erkennen läßt. Mit Vergnügen durchwandert man die Straßen mit den sauberen Häusern, durch deren Eingang man in die malerischen Patios, diese von Säulenhallen umgebenen Höfe mit Miniaturgartenanlagen, einen Einblick erhält, in denen eine Fülle von Blumen und schöner Pflanzen das Auge erfreut. Die Plazas, Plazuelas und die Alameda sind nicht minder reizend angelegt, auf den schattigen Wegen gibt sich am Abend die Bevölkerung dem Genuß der kühlen Stunden hin. Alt und Jung, die Damen ohne Kopfbedeckung, sorgfältig frisiert und reichlich gepudert, promenieren, in lebhafter Unterhaltung begriffen, unter den Klängen fröhlicher Musikweisen auf und ab; der Duft der Blüten weht durch die Luft, die Vögel zwitschern munter in den Kronen der Bäume, es ist ein Ort, wie geschaffen zu Flirt und Fröhlichkeit. Die Plaza bildet in jeder Stadt Mexikos den beliebtesten Aufenthalt des Volkes und wird überall durch Anlage von Promenadenwegen mit ausgesucht schönen Bäumen, den jeweiligen Verhältnissen des Ortes entsprechend, geziert, alle Sorgfalt wendet sich diesem Platze zu. Mag der Ort auch ein noch so bescheidener sein, eine Plaza muß er haben, deren effektvollen Abschluß fast ausnahmslos eine Kirche und in großen Städten eine

Kathedrale bildet. Etwas mehr außerhalb des Stadtzentrums befindet sich dann, wo immer möglich, eine Alameda, eine parkähnliche Anlage mit schattigen Spazierwegen, Fontänen und einem Musikpavillon in der Mitte. In den großen Städten wird da jeden Abend konzertiert, während sich das Volk an kleinen Orten oft mit Bänkelsängermusik bescheiden muß. Die Mexikaner sind große Musikfreunde und haben viel Freude an den Klängen der spanischen Weisen.

Der Hauptplatz von San Luis Potosi ist die Plaza de Armas mit dem Palacio del Ayuntamiento (das Ratsgebäude), der reich ausgestatteten Kathedrale San Pedro, dem bischöflichen Palast, den Kirchen San Francisco und San Augustin nebst vielen stattlichen Privathäusern mit Arkaden. Sonstige sehens- und besuchenswerte Gebäude, im Gebiete der Stadt leicht zu erreichen, sind der Palast des Gouverneurs, El Instituto, die Alhondigo und die Lonja Mercantil. Ein altes Bauwerk mit prächtiger Skulptur der Fassade ist die Kirche El Carmen, deren Inneres, mit einigen recht guten Gemälden geschmückt, besichtigt zu werden verdient. Außerhalb der Stadt, aber leicht mit der Straßenbahn zu erreichen, liegt die weithin sichtbare Kirche Guadalupe. Ein hübscher Promenadenweg führt uns auf diesem Spaziergange an mehreren interessanten Brunnen vorüber, an denen sich immer ein ungemein buntes Leben und Treiben entfaltet. Wasserträger mit Kübeln, Frauen mit Krügen auf den Achseln, alle in phantastischer Kleidung, Esel mit Gefäßen beladen, befördern das Wasser nach allen Richtungen der Stadt; es ist ein eigenartiges, abwechslungsvolles Bild mexikanischen Volkslebens. Die Gegend ist während der trockenen Jahreszeit an Wasser arm, wenngleich ein wirklicher Mangel infolge der zahlreichen Brunnen nicht vorhanden ist. In der Regenperiode kann man als besondere Sehenswürdigkeit in den Straßenbahnwagen angekündigt finden: „Es ist Wasser im Flusse!"

Auf den Feldern und in den Gärten trifft man viele Wasserschöpfvorrichtungen an, die den Reisenden an die Bewässerung der Felder in Oberägypten erinnern werden. Wir sehen hier dieselben primitiven Räder mit daran befestigten Schöpfgefäßen, hier Norias genannt, die von irgend einem Zugtier getrieben werden und das Wasser aus der Tiefe emporbringen, ferner die gleichen, an zwei hohen Stangen auf- und niedergehenden mächtigen Schwengel, an deren Ende ein langer Strick mit einem Eimer hängt, die hierzulande Bimbaletten genannt werden und nur einen ebenso langweiligen Betrieb ermöglichen wie am Ufer des Nils. San Luis Potosi besitzt in der weiteren Umgebung reiche Silberminen; die bedeutendste derselben war bis zum Ende des 18. Jahrhunderts die Cerro de San Pedro, mit einer jährlichen Ausbeute von mehreren Millionen $. Diese Minen waren bereits den Ureinwohnern Mexikos wohlbekannt und sollen seinerzeit ungezählte Millionen an Silberwert geliefert haben.

Unser nächstes Ziel ist nun der wohlbekannte Ort Queretaro, 159 km entfernt, bis wohin der Eisenbahnzug etwa 5 Stunden braucht.

Wen würde nicht bei Nennung dieses Ortes, dessen Name mit dem tragischen Ende des unglücklichen Kaisers Maximilian so eng verflochten ist, ein Gefühl der Traurigkeit beschleichen. Queretaro ist zu verschiedenen Zeiten der Schauplatz kriegerischer Wirren gewesen, durch Kaiser Maximilians Geschick aber, das sich nach dessen kaum dreijähriger Herrschaft hier erfüllte, ist die Stadt zu historischer Bedeutung für die ganze zivilisierte Welt gelangt. Die geschichtlichen Daten, den Zusammenbruch des von jenem Abenteurer in den Tuillerien aufgebauten Kaiserreiches Mexiko betreffend, haben wir bereits weiter vorn gegeben, und so können wir uns hier auf einige Mitteilungen aus den letzten Tagen des Kaiserreiches beschränken.

Die traurigen Erinnerungen aus der Vergangenheit lasten bei den Wanderungen durch die Stadt so schwer auf uns, daß wir die Schönheit derselben gar nicht recht genießen können. Außer den historischen Stätten, der Kirche Convent de la Cruz, in der sich Maximilians Hauptquartier befand, und dem Convent de los Capuchinos, dem ehemaligen Gefängnis des Kaisers, sowie einer an der Stelle der Vollstreckung des Todesurteils errichteten Kapelle bietet die Stadt wundervolle Spaziergänge.

15. Stiergefecht in Mexiko.

Die erste Wanderung eines jeden in Queretaro ankommenden Fremden wird nach einem trostlosen, von wüstem Kaktusgestrüpp bewachsenen, im Osten der Stadt liegenden Hügel stattfinden, auf dem nunmehr endlich nach langen Jahren pietätloser Vernachlässigung dem Andenken Maximilians und seiner beiden treuen Generäle eine würdige Kapelle gestiftet worden ist. Früher war diese Stätte nur durch drei kleine Steinhaufen bezeichnet, wie sie die Mohammedaner an Orten errichten, wo eine Mordtat verübt worden ist. Mit der Zeit halfen dann wenigstens drei Kreuze das Andenken an die Hinrichtung aufrecht zu erhalten, bei der drei Männer ihr Leben ließen, weil sie lieber mutig in den Tod gingen, als Flüchtlingen gleich das Land zu verlassen. Die Füsilierung des Kaisers und seiner zwei Generäle Mejia und Miramon fand fast an derselben Stelle statt, wo der Rest der kaiserlichen Truppen sich zur letzten Gegenwehr versammelt hatte. Als der Kaiser zur Richtstätte schritt, wollten ihm seine Generäle den Ehrenplatz in der Mitte einräumen, doch ablehnend bemerkte er zu Miramon: „Einem Tapferen gebührt die schuldige Achtung seines Souveräns auch in der letzten Stunde, gestatten Sie deshalb, daß ich den Ehrenplatz an Sie abtrete."

Obwohl die Vereinigten Staaten gegen die Exekution Maximilians protestierten und die Prinzessin Salm-Salm Juarez kniefällig angefleht hatte, den Gefangenen vor dem Äußersten zu bewahren, blieb jener unerbittlich und bestand auf der Vollstreckung als Revanche, und somit mußte das Schicksal seinen Lauf nehmen. Es war ein strahlender, herrlicher Morgen, der heraufzog, um das grausame Werk vollenden zu sehen, so schön, daß der Kaiser bemerkte, er habe sich immer gewünscht, an einem solchen Tage zu sterben. Früh 6 Uhr wurden die drei Gefangenen in Wagen abgeholt und nach dem Hügel gefahren, Maximilian begleitet von dem Pater Soria. An Ort und Stelle angekommen, wurden die Verurteilten gegen eine zu dem Zweck aufgeführte Mauer gestellt und in ganz kurzer Entfernung vor ihnen waren, außer zahlreichen Truppen in weiterem Umkreise, ein Offizier und sieben Mann zu dem verhängnisvollen Kommando postiert. Zu jedem der Soldaten trat der Kaiser hin, bot ihm die Hand und gab ihm ein Goldstück mit den Worten: „Zielt gut, Jungens, und feuert auf diese Stelle", indem er nach dem Herzen zeigte; dann trat er zurück in die Reihe, die Hoffnung aussprechend, sein Blut möge das letzte sein, das vergossen werde. Dann erfolgte der Ausruf Maximilians: „Viva Independencia! Viva Mexico!", während seine beiden Generäle ausriefen: „Viva Mexico! Viva el emperador!" Daraufhin ertönte der Kommandoruf zum Feuern, und sechs Kugeln endeten das Leben dieses schwärmerisch veranlagten Fürsten.

Wenn wir von der einsamen Höhe in die Runde blicken, steigt die traurige Vergangenheit lebendig vor unserem Geiste auf, denn dort sehen wir die Straße, auf der sich der Zug mit der Leiche des Kaisers nach der Hauptstadt bewegte, nachdem von der anderen Seite her Juarez herbeigekommen war, um sich zu überzeugen, daß in der Person des Kaisers eine Verwechslung nicht stattgefunden habe. Unten liegt vor uns die freundliche Stadt, Maximilians Hauptquartier bis zum Morgen des 15. Mai 1867 — heute ein friedvolles Bild. Im Regierungspalast zu Queretaro befinden sich einige wenige Reliquien aus der Kaiserzeit, da das Todesurteil daselbst unterzeichnet wurde.

Der hübsche Bau des Convent von Santa Cruz, wo Maximilian sein Quartier aufgeschlagen hatte, ist in der Zwischenzeit sehr verändert worden, da die Regierung das Kloster aufhob, doch ist immerhin noch das Kämmerlein zu erkennen, wo der Kaiser sich in den ersten drei Tagen seiner Gefangenschaft befand, bevor er nach dem Convent de los Capuchinos gebracht wurde, doch ist der Raum vollständig in Verfall. Auch die schattige Alameda hat ihre traurigen Reminiszenzen, da hier einer der Getreuen des Kaisers, General Mendez, auf gemeine Weise, infolge Verrats des schuftigen Lopez, kurz nach dem Einzug der Revolutionäre, trotz seines Protestes, wie ein Verräter von rückwärts erschossen wurde. Von mehreren Kugeln durchbohrt brach er zusammen, erhob sich jedoch wieder, da er nicht tödlich getroffen war, und sich den Soldaten zuwendend, deutete er nach dem Kopfe, woraufhin der Sergeant sein Gewehr dicht am Haupte des Unglücklichen abschoß.

Die Stadt Queretaro würde sicherlich, auch wenn sie nicht so großes historisches Interesse hätte, viel von den Fremden besucht werden; die schöne Lage, die vielen prächtigen Kirchen, die hübschen Plätze mit ihren Palmengruppen und Blumenbeeten bilden genügende Anziehungspunkte. Die Alameda sowohl wie die Plaza sind von großer Schönheit, und in wenig anderen Städten Mexikos finden wir angenehmere Anlagen, Promenadenwege und Spaziergänge in der Umgebung wie hier. Sehenswert auch ist der kolossale, 30 m hohe und 8 km lange Aquadukt, der das ganze Tal von Queretaro in mächtigen, steinernen Bogen überspannt und die Stadt mit so reichlichem Wasser versieht, daß vielerorts Fontänen lustig plätschern. Die Kirche von Santa Rosa, ein Werk des berühmten Tresquerras von Celaya, ist wichtig wegen der darin sich befindenden außerordentlich reichen Holzschnitzereien, die mit Gold so dick überlegt sind, daß es förmliche Platten bildet, welches stellenweise mit durchsichtiger Schildkrötenschale bedeckt ist. Der Altarteil soll so kolossal viel Gold enthalten haben, daß die Franzosen denselben niederrissen und das Schnitzwerk verbrannten, um das Gold zu gewinnen. Man erzählt in Queretaro, daß diese rohen Patrone auf diese Weise $1^1/_2$ Millionen Dollars Gold erbeutet hätten, was gar nicht unglaubwürdig erscheint, wenn man die so reiche Vergoldung des noch übriggebliebenen Restes sieht. Die Sakristei enthält ein kostbares Ölgemälde, das allgemeine Bewunderung erregt und mitunter für einen Murillo gehalten worden ist.

In der Gegend von Queretaro finden sich zahlreiche schöne Opale, und wer besonderes Glück hat, bekommt hier einen solchen zu kaufen. Angeboten werden viele, am Bahnhof, in der Stadt und überall, aber in den weitaus meisten Fällen findet es sich hinterher, daß man beim Kaufe hereingefallen ist. Die Verkäufer entwickeln einen wunderbaren Instinkt, ob sie es mit einem Kenner zu tun haben oder nicht. Ist das letztere der Fall, so ist mit Sicherheit darauf zu rechnen, daß man entweder zu teuer gekauft, oder einen Stein mit einem Sprung oder sonstigen Fehler erhalten hat. Beim Einkaufen betrogen zu werden, gehört nun einmal zu den Spezialitäten einer Weltreise.

Von Queretaro bis zur Hauptstadt braucht der Zug noch etwa 6 Stunden, auf welcher Fahrt wir Orte von besonderer Wichtigkeit nicht mehr berühren.

Nachdem die tausende Kilometer durch die Vereinigten Staaten und Mexiko zurückgelegt waren, hatten wir das Gefühl, als der mächtige Popocatepetl, zu dessen Füßen die Hauptstadt des Aztekenreiches liegt, in Sicht kam, nun am Ziele unserer Reise zu sein, wenngleich in unserem Falle davon nicht gut die Rede sein konnte. Immerhin sollte Mexico City das Standquartier für alle weiteren Exkursionen kreuz und quer im Lande herum bilden, wozu es sich infolge seiner zentralen Lage vorzüglich eignet.

Bevor die Spanier nach Mexiko kamen, war Tenochtitlan eine ausgedehnte Stadt inmitten großer Seen, die ihr Wasser weitüber das Tal von Anahuac ausbreiteten. Als die Azteken bei ihren Wanderungen an den Ufern des Sees Texcoco, der ihnen wie ein Meer erschien, Halt machten, suchten sie überall die Gelände ab, um eine geeignete Stelle für eine Niederlassung ausfindig zu machen. Da kamen sie an eine felsige Halbinsel, die weit in den See hinaus vorsprang, und zu ihrem großen Erstaunen erblickten sie da, so erzählt die Legende, auf dem Stamm eines stacheligen Kaktus einen ungeheuren goldenen Adler von großer Schönheit, der eine Schlange in seinen Krallen hielt und seine Flügel der aufgehenden Sonne entgegenbreitete — ein Zeichen, das bis zum heutigen Tage das Wappen Mexikos ziert. Jene wunderbare Erscheinung wurde von den Häuptlingen als ein günstiges Omen gedeutet, an dieser Stelle eine Stadt zu gründen; sie wurde Tenochtitlan genannt, welcher Name einen Kaktus auf einem Stein bedeutet.

Der Charakter der Stadt muß ursprünglich dem Venedigs nicht unähnlich gewesen sein, da die Häuser im seichten Wasser auf Pfählen errichtet waren, Bauten, die an Großartigkeit denen der Schwesterstadt in der alten Welt nicht nur würdig zur Seite gestanden, sondern jene weit übertroffen haben. Es waren mächtige Bauwerke aus massigen Steinen, ähnlich den Tempelbauten in Ägypten. Der große Teocalli oder Tempel, den aztekischen Göttern geweiht, war ein pyramidenähnlicher Bau von etwa 40 m Höhe, zu dem über 100 Stufen emporführten und der oben, wie man sagt, eine Fläche gebildet haben soll, auf der Platz genug gewesen sei, daß 30 Ritter ein Lanzenstechen hätten abhalten können.

Die Straßen der Stadt von heute laufen noch in denselben Richtungen von der Kathedrale aus, wie zu jener Zeit die Kanäle, auf denen man zum Teocalli gelangte.

Die erste Sorge des Fremden, wenn er an einem Orte längeren Aufenthalt zu nehmen gedenkt, ist natürlich die, ein gutes Unterkommen zu finden. Das ist im Lande Mexiko nicht so leicht wie in den Vereinigten Staaten, doch sind in den meisten großen Städten jetzt auch gut geführte Hotels anzutreffen, welche an Reinlichkeit nicht viel zu wünschen übrig lassen. Die Hauptstadt hat einige sehr komfortable Häuser aufzuweisen, in denen sich auch der anspruchsvollere Reisende wohlzufühlen vermag. In größeren Orten mietet man meist nur das Zimmer und nimmt seine Mahlzeiten nach der Karte ein, in kleineren Städten dagegen ist man gezwungen, Wohnung und Verpflegung im Hotel zu nehmen.

Mexico City hat zurzeit etwa 350000 Einwohner und macht durchaus den Eindruck einer europäischen Großstadt, die Straßen sind fast alle in gerader Richtung breit angelegt und reinlich gehalten. Die meisten Häuser sind nicht hoch, die Dächer, wie allgemein im Süden, flach. Ein ungemein lebhaftes Treiben und lautes Schreien empfängt uns überall, aufdringliches Angebot für Dienstleistungen jeglicher Art gehört in südlichen Ländern, die starken Fremdenverkehr haben, mit zur Charakteristik der Bevölkerung. Wenn wir vom Bahnhof in die Stadt fahren, macht diese zunächst gar keinen großartigen Eindruck, denn in Mexiko hat man sich offenbar bestrebt, die Bewohner der Stadt von dem Getriebe der Eisenbahn möglichst fernzuhalten, so daß wir auch hier erst ziemlich lange durch unbedeutende Vorstadtstraßen fahren müssen, ehe wir das Zentrum erreichen. Doch das Bild ändert sich bald, wir gelangen zu einem mit prächtigen Monumenten gezierten, freien Platz, von welchem aus eine herrliche, breite Parkpromenade, die mit wundervollen, weitästigen Bäumen besetzt ist, in schnurgerader Richtung abzweigt. Dies ist die Glorietta mit dem Denkmal Karl IV. von Spanien in der Mitte, das zweifellos das bedeutendste Monument der Stadt bildet. Den Anfang des sich hier anschließenden Boulevards zieren zwei schöne Statuen aztekischer Krieger. Sternförmig laufen von dem Platze aus nach allen Richtungen hin eine Anzahl geradliniger Straßen, meist vornehme Quartiere mit geschmackvollen Villen.

Die obenerwähnte Promenade ist das Paseo de la Reforma und führt von der Glorietta aus nach Chapultepec (Bild 11), dem Residenzschloß des Präsidenten. Jeden Nachmittag findet auf dem Paseo ein von Equipagen und allen möglichen fashionabeln Gefährten gebildeter Korso statt, der sich an Sonn- und Festtagen besonders glänzend gestaltet. Es ist aber auch nirgends auf der Welt eine Promenade zu finden, die zur Abhaltung einer Korsofahrt besser geeignet wäre, als das vom Kaiser Maximilian angelegte Paseo de la Reforma. Wundervoll ist der Anblick, die ununterbrochenen Reihen eleganter Wagen mit all den schönen Damen, blumengeschmückt und in kostbarster Toilette vorbeidefilieren zu sehen; der Zug bewegt sich auf der rechten Seite bis hinauf an den Eingang des Schloßparkes und auf der linken zurück nach der Stadt, während in der Mitte des breiten Weges ein Kordon ausgewählt stattlicher mexikanischer Kavalleristen aufgepflanzt ist, die in stolzer, ruhiger Haltung jeder Unordnung im Verkehr vorbeugen.

In der Mitte des Paseos sind einige kleine Gloriettas angebracht, die ebenfalls mit Denkmälern geziert sind; das schönste derselben ist dem Andenken des Neffen Montezumas, Cuautemoc, gewidmet (Bild 12), dessen qualvolle Leiden, die ihm auf Befehl Cortez' durch die Tortur zugefügt wurden, auf einem Broncerelief dargestellt sind. Die kraftvolle Figur dieses auf einem hohen Sockel stehenden letzten Aztekenkönigs ist von großartiger Wirkung.

Chapultepec, in dessen Park das Paseo direkt einmündet, bildet einen der beliebtesten Ausflugspunkte in der Umgebung der Stadt. Schon in alten Zeiten, lange bevor die Spanier nach Mexiko kamen, pflegten die Regenten der Azteken während der langen Sommermonate ihren Aufenthalt in diesem schönen Teile des Tales von Anahuac zu nehmen. Dann verließen sie die Residenz Tenochtitlan in prächtigem Aufzuge, um mit ihrem reichen Gefolge Kühlung im Schatten der riesenhaften Ahuehuetls, eine wundervolle Zedernart, zu suchen. Zur Zeit Montezumas war die Anhöhe zu Chapultepec durch einen stattlichen Palast gekrönt, der wie alles andere der Zerstörung der spanischen Eindringlinge zum Opfer fiel. Das heutige Bauwerk wurde für den spanischen Vizekönig Galvaez errichtet, aber später durch dessen Nachfolger beständig erweitert. Viele neue Anbauten wurden im Laufe der Zeit hinzugefügt, und jetzt vereinigt es die Residenz des Präsidenten mit dem Sitz der Militärakademie. Ein Fahrweg und ein Fußpfad führen hinauf zur Anhöhe des Schlosses, von dessen Gärten und Galerien aus sich eine entzückende Aussicht über das Tal und die Stadt, begrenzt von den schneebedeckten Höhen der Vulkane Popocatepetl und Ixtaccihuatl, entfaltet. Der Blick schweift hier weit hinaus über die vollständig ebene Umgebung der Stadt, über die grünen Felder, die mit Wasserkanälen und Wegen in allen Richtungen durchzogen sind; die im hellen Sonnenscheine erglänzenden Mauern der überall verstreut liegenden Dörfchen heben sich kräftig ab von dem dunkeln Baumwuchs, in dessen Schatten sie sich schmiegen. Dort, wo sich Nebelstreifen hinziehen, flimmert die Wasserfläche des Sees; die weitausgedehnte Stadt mit den platten Dächern der Häuser und den vielen großen und kleinen Türmen erscheint in der trockenen Höhenluft zum Greifen nahe. Hoch über alles erhebt sich die mächtige Kathedrale mit ihren stolzen Türmen, da, wo einst der Teocalli aufragte, auf dessen Höhe der gastliche Montezuma mit Cortez stand und ihm die Herrlichkeiten Tenochtitlans mit den Worten zeigte: „Wir glauben und halten es für wahr, was Du uns sagst von dem großen Herrn oder König, der Dich hierher gesendet, daß er auch unser geborener Herr sei. Verlaß Dich darauf, daß wir Dir gehorchen und Dich für unsern Herrn halten werden. Hierin soll weder Treubruch noch Trug sein. Diesem zufolge gebiete nach Deinem Belieben

16. Der Ixtaccihuatl von Amecameca aus gesehen.

im ganzen Lande, d. h. in jedem Teile desselben, der mir angehört. Dein Wille soll befolgt und vollbracht werden. Alles, was wir haben, gehöre Dir, daß Du darüber nach Gefallen gebietest. Du bist also hier in Deinem eigenen Lande, in Deinem eigenen Hause."

Ist vornehme Denkweise jemals schlechter belohnt, Treu und Glauben jemals schmählicher mißbraucht worden? Wo sind sie all die stolzen Bauten, die großartigen Paläste, Tempel und Pyramiden, die Cortez dort vor sich sah? Zertrümmert, vernichtet, wie Staub vom Erdboden weggefegt ist all die Pracht des alten Aztekenreiches! Ein tiefschmerzliches Gefühl beschleicht uns, wenn wir unsere Blicke über das Tal von Anahuac schweifen lassen, wo kein Stein auf dem anderen geblieben, ja kaum ein Stein noch übrig geblieben ist. Nur das eisumgrenzte Zwillingspaar der Riesenvulkane im Südosten der weiten Ebene schaut noch in unveränderter Herrlichkeit herab auf die Stätte, von der die schöne Inselstadt entschwunden ist, bald nachdem die beutegierigen Abenteurer vom Sattel der beiden Berge aus die Wunderstadt zuerst erblickten.

Das Innere des Schlosses ist, abgesehen von dem Prunk der Ausstattung, auch von großem historischen Interesse, denn vieles erinnert noch an die Zeit des unglücklichen Kaisers Maximilian.

Die Zimmer des Präsidenten sind sehr geschmackvoll und reich ausgestattet. Aber trotz aller Schönheit, die sich im Innern zeigte, kehrten wir doch immer wieder nach den Galerien des Schlosses zurück, das Panorama, das sich zu unseren Füßen in sonnig-südlicher Heiterkeit ausbreitete, war so ungemein fesselnd, daß es uns herzlich schwer fiel, uns von dem Orte zu trennen. Ein Spaziergang in dem mit vielhundertjährigen Riesenbäumen besetzten Park bildete den Abschluß der angenehmen Stunden, die wir dem Besuche der wundervollen Besitzung gewidmet hatten.

Die Richtung der Stadt von der Glorietta aus nach dem Zentrum weiter verfolgend, gelangen wir in wenigen Minuten nach der Alameda, einer weitausgedehnten Parkanlage inmitten der Stadt, der Erholung und Unterhaltung der besseren Gesellschaftsklassen gewidmet. Besonders Sonntags hat der Fremde Gelegenheit, behaglich bei seinem Hielo (Fruchteis) oder einer Limonade sitzend, eine Fülle neuer Eindrücke in sich aufzunehmen. Gegen mittag, wenn die Militärkapelle ihre fröhlichen Weisen ertönen läßt, promenieren die dunkeläugigen Mexikanerinnen hier in dichtgedrängten Reihen, untermischt mit der eleganten Damenwelt zahlreicher fremder Nationen, stundenlang auf und ab. Wer es versäumt hat, die spanische Sprache zu erlernen, wird beim Anblick dieses reizenden Wandelpanoramas ein Gefühl des Bedauerns nicht unterdrücken können, denn die Augensprache, wenn sie auch international ist, bietet immerhin einen recht mangelhaften Notbehelf für die Konversation. Mit welcher Fröhlichkeit flutet das alles durcheinander, der traurigen Vergangenheit nicht gedenkend; hier an dieser Stelle, wo heute eitel Lust und Freude herrscht, stand zur Zeit der spanischen Inquisition der Steinaltar, auf dem so viele dem Feuertode geweihte Opfer unter entsetzlichen Qualen ihren Geist aufgaben. Tempora mutantur!

Durch die Calle San Francisco, eine jener Straßen, in welchen sich der hauptsächlichste Verkehr der Stadt Mexiko konzentriert, wo sich das größte Hotel, Jturbide, die besten Cafés und Restaurants, sowie die elegantesten Läden befinden, gelangen wir nach dem Mittelpunkte der Stadt, der Plaza Mayor, wo von früher Morgenstunde an bis zum späten Abend das Leben am frischesten pulsiert. Hier war es, wo das große Heiligtum der Azteken, der Teocalli, stand. Die Spanier haben es weit besser verstanden, zu zerstören, als wieder aufzurichten, bestehende Kultur zu unterdrücken, nicht aber sie auszubauen. Auch hier vermochten sie das

Vernichtete nicht so schnell zu ersetzen, denn lange Jahre ist der Platz, wo der Tempel stand, ein nur mit den primitivsten Baulichkeiten bestandener Trödelmarkt gewesen — ein trauriger Ersatz für den niedergerissenen Wunderbau. Jetzt allerdings ist die Plaza Mayor wieder eine Zierde der Stadt, sie ist auf allen Seiten von stattlichen Gebäuden eingerahmt, der Blick aber wird beim Betreten des Platzes sofort von dem großartigen Prachtbau der Kathedrale gefesselt.

Für die Erbauung von Kirchen haben die Spanier während ihrer Herrschaft in Mexiko große Kapitalien aufgewandt, deren Beschaffung ihnen allerdings nicht schwer wurde, da sie das Silber in ungezählten Millionen aus den mexikanischen Minen entnahmen. Über das ganze Land verstreut, bis nach den entlegensten Ortschaften hin, finden wir die Zeugen der neuen Religion, während die der alten spurlos verschwunden sind. In bezug auf den Kirchenbau entwickelte die Regierung eine staunenerregende Tätigkeit, und haben sich die Spanier dadurch ein bleibendes Denkmal gesetzt, welches geeignet ist, ihre in Mexiko getriebene Mißwirtschaft einigermaßen vergessen zu machen. Oft sind die Kirchen wundervolle Bauwerke, die in den größeren Städten ohne Ansehung der Kosten entstanden sind; die äußere Ornamentierung ist reich und edel, leider aber ähneln sie einander alle zu sehr in der Form.

Die Kathedrale der Hauptstadt (Bild 13) ist zweifellos das herrlichste Bauwerk aller Kirchen des Landes. Der Grundstein wurde schon im Jahre 1573 gelegt, doch schritt der Bau ziemlich langsam vorwärts, so daß die Einweihung des Gotteshauses erst 1667 stattfinden konnte, während die Türme ihre Vollendung nicht vor 1792 erlebten. Die südliche Fassade sowie die Ostseite sind wundervoll und reich mit Bildhauerarbeit geziert, ohne den Eindruck des Überladenen zu machen. Die Gesamtwirkung der Kathedrale mit dem Annex der Ostseite, dem Sagrario Metropolitano, dem herrlichen Dom im Zentrum, sowie den geschmackvollen Türmen zu beiden Seiten, ist eine Achtung gebietende, und man darf wohl diesen außerordentlich harmonischen Renaissancebau des Hauptgebäudes als einen der hervorragendsten der gesamten Kirchenbauarchitektur bezeichnen. Das Sagrario, die Pfarrkirche, ist in der Ausschmückung zu überladen, und das Gemisch von altmexikanischer und christlicher Ornamentierung wirkt sehr unruhig; der ganze Bau verschwindet im Verhältnis zu den riesigen Dimensionen der Kathedrale. Das Kircheninnere, im Renaissancestil ausgeführt, entspricht in würdiger Weise dem Äußern und wirkt nicht so düster und bedrückend, wie viele unserer europäischen Kathedralen. Man fühlt sich beim Eintritt freier, man wird sich vielleicht nicht so unmittelbar gezwungen fühlen, die Stimme zum Flüsterton herabzustimmen, aber himmlisch feierlich wirkt die mächtige Halle mit der graziösen Kuppel, die ebenso wie die Decke von vorzüglichen Meistern der spanischen Schule gemalt wurden. Der Reichtum der Vergoldung, z. B. der Balustrade, ist enorm, und der Hochaltar ist vor seiner mehrfachen Beraubung in den fortwährenden Revolutionen wohl der kostbarste der Welt gewesen; noch jetzt sehen wir hier massiv-goldene Leuchter und Gefäße und mit ungeheuer wertvollen Edelsteinen besetzte Heiligenbilder. Früher befand sich auf dem Hochaltar eine Statue der Mutter Gottes, die über eine Million Dollars im Werte hatte und eine prachtvolle Lampe, zu der 100 kg Gold verarbeitet wurden, alles Dinge, die im Laufe der Zeit ihre Liebhaber gefunden haben.

Weitaus die meisten Touristen werden sich bei ihrem Aufenthalte in der Hauptstadt hinsichtlich der Kirchenbesuche auf die Kathedrale beschränken und auf die vielen anderen Kirchen nur im Vorbeigehen einen Blick werfen. Wie der Fremde schon vom Eisenbahncoupé aus bei der Annähe-

17. Guadalajara.

rung an die Stadt bemerkt hat, gibt es hier eine sehr große Anzahl Kirchen, die mit ihren Türmen derselben ein malerisches Aussehen verleihen. Die Gesamtzahl der katholischen Gotteshäuser bezifferte sich vor zwei Jahren auf 54, von denen 45 im 16. und Anfang des 17. Jahrhunderts erbaut worden sind. In der äußeren Form auf den ersten Blick hin sich nicht stark unterscheidend, findet man doch bei genauerer Betrachtung der Türme und Fassaden ziemlich zahlreiche Variationen in der Konstruktion, so daß manche Bauten unser Interesse erwecken. Der Baustil ist meist der maurische, oft mit Anlehnung an die orientalische Architektur; in kleinen Ortschaften finden sich auch nicht selten Motive der alten Baukunst der Azteken. In der Calle San Francisco wird jedem Fremden die Fassade einer kleinen, vornehmen Kirche auffallen, deren wundervolle Ornamentierung unsere Tafel 14 zeigt.

Die Ostseite der Plaza Mayor nimmt der National-Palast ein, der ursprüngliche Wohnsitz Cortez' und später, bis 1692, die Residenz der Vizekönige. Die Front des Palastes, der allerdings mehr einen kasernenartigen Eindruck macht, ist fast 250 m lang. Jetzt ist hier der Sitz der Regierung, die Bureaus des Präsidenten und die Gouvernementsräumlichkeiten. Mehrere Tore sind von Soldaten bewacht, die einen etwas verlotterten Eindruck machen, und in den Höfen kann man ein merkwürdiges Durcheinander von hochgestellten Personen bis zum Minister hinauf und dem niedrigsten Volke zusammen sehen. Man kann nicht gut von dem Gesamtbild ein anderes Urteil fällen, als daß dem Ganzen noch etwas Halbzivilisation anhaftet, ein Eindruck, der sich auch nicht bei der Besichtigung der Sitzungssäle, der Räume für die Ministerien und Empfangssalons ändert, in denen die Ausstattung der Würde derselben nicht recht entspricht. Das Kabinett des Präsidenten ist besser eingerichtet, hier ist wenigstens nicht alles so abgenutzt.

Der große, freie Platz ist in seiner ganzen Ausdehnung mit Promenadenanlagen geschmückt, in deren Mitte ein Pavillon steht, von dem aus allabendlich und am Sonntag auch mittags eine Kapelle konzertiert. Im Gegensatze zur Alameda erfreuen sich hier die mittleren und ärmeren Klassen der Bevölkerung an den Vorträgen.

Der Fremde hat hier die beste Gelegenheit, Volksstudien zu machen, allerdings sehr oft auf Kosten seines Eigentums, wenn er nicht ununterbrochen auf Geld und Kostbarkeiten, die er mit sich führt, gehörig acht gibt. Das Handwerk der Taschendiebe wird nirgends frecher und geschickter betrieben als in Mexiko, was zum guten Teil daran liegt, daß diese Diebesbanden von den Behörden nicht stark belästigt werden. Reißt z. B. so ein Kerl in der belebtesten Gegend einem Uhr und Kette aus der Tasche, so ist seine Rettung unfehlbar, wenn es ihm gelingt, einen seiner Helfershelfer, die natürlich immer in der Nähe sind, das geraubte Gut zuzustecken. Hat man dann den Dieb erwischt und hält ihn am Kragen fest, so setzt er sich durchaus nicht zur Wehr oder sucht zu entfliehen, er macht vielmehr ein ganz unschuldiges Gesicht und stellt sich, als wisse er gar nicht, was man von ihm wolle. Auf die Anschuldigung hin erwidert er ganz frech, man sei sicherlich vollständig im Irrtum hinsichtlich der Person und stellt es anheim, ihn von oben bis unten zu durchsuchen. Dies wird natürlich auch unter der Aufsicht eines durch den Lärm endlich hinzugekommenen Polizisten getan, aber natürlich verläuft die Sache resultatlos, weil sich das gestohlene Stück längst in anderen Händen befindet. Der Mann des Gesetzes zuckt bedauernd die Achseln und erklärt uns, da durchaus nichts machen zu können, da jeder Beweis des Diebstahls fehle, wobei es gar nichts ausmacht, wenn der freche Raub auch noch von mehreren anderen Personen bemerkt worden ist. In Mexico City befindet sich ein Diebesmarkt, wo die gestohlenen Sachen anstandslos verkauft werden können; so bietet sich wenigstens noch die Aussicht, daß man Wertobjekte, die heute noch unser Eigentum waren, unter glücklichen Umständen morgen wieder zu billigem Preis auf dem Diebesmarkt zurückkaufen kann. Wir selbst sahen es eines Tages mit an, daß ein Herr auf einem Straßenbahnwagen auf dem rückwärtigen Perron stand, und da der Wagen stark besetzt war, seine elegante Reisehandtasche an den Boden zwischen seine Beine placiert hatte. Plötzlich reißt ihm so ein Halunke die Uhr weg und springt vom Wagen, der sofort zum Halten gebracht wird. Der Beraubte eilt dem Dieb wie der Wind nach und faßt ihn mit kräftigem Griffe. Die gleiche, oben geschilderte Auseinandersetzung findet statt, die Uhr ist weg, der Mann kommt wütend zurück und findet, daß seine Reisetasche, an die er in der Aufregung nicht mehr gedacht hatte, in der Zwischenzeit auch einen Liebhaber fand. Erst war der Mann völlig sprachlos, dann rang sich ein „damned rascals“ von seinen Lippen.

Vornehmer Mexikaner.

Wenn wir unter den gewölbten Bogengängen, die an vielen Gebäuden entlang laufen, uns einen Platz vor einem der Cafés auswählen, haben wir die beste Gelegenheit, unsere Studien zu machen. Hier kommen Arbeiter, dürftig gekleidete Gestalten, mit dem typischen Sombrero, jenen hohen, spitzen Hut der Mexikaner auf dem interessanten Kopfe, während die Serapen, um den Oberkörper geschlungen, das Bri-

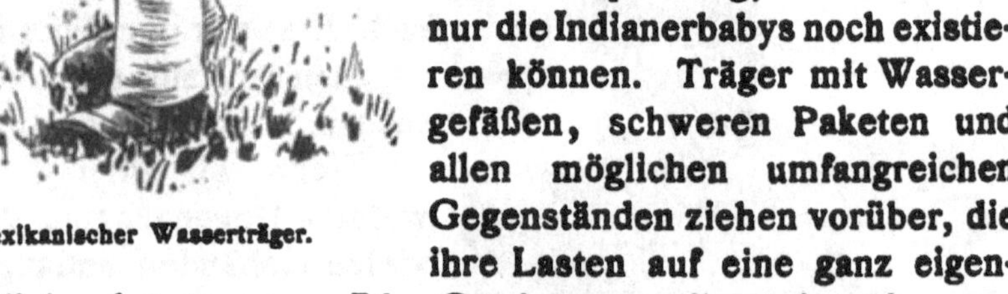

Mexikanischer Wasserträger.

gantenmäßige der Erscheinung vervollkommnen und dabei den guten Dienst leisten, die zerlumpte sonstige Kleidung einigermaßen zu verdecken.

Dagegen bildet einen scharfen Kontrast der hochelegant gekleidete, reiche Mexikaner, der ein wahres Kunstwerk von einem Sombrero stolz auf dem bildhübschen Kopfe trägt. Da kommen eine Anzahl Indianerweiber vorüber, die ein Tuch derartig über Kopf und Brust geschlungen haben, daß ein Arm, in dem sie ein Paket mit Lumpen zu tragen scheinen, halb mit eingehüllt ist; das kaum sichtbare Bündel aber enthält ein kleines Kind in einer Verpackung, in der wohl nur die Indianerbabys noch existieren können. Träger mit Wassergefäßen, schweren Paketen und allen möglichen umfangreichen Gegenständen ziehen vorüber, die ihre Lasten auf eine ganz eigentümliche Art tragen. Die Gewichtsverteilung ist eine ungemein unpraktische, die Last befindet sich zwar auf dem Rücken und baut sich oft bis hoch über den Kopf hinaus auf, sie ruht aber in einem breiten Tragriemen, der um die Stirn gelegt ist, so daß der Mann das schwere Gewicht in der Hauptsache mit dem Genick zu halten hat.

Nun zieht eine lange Reihe Burros, wie die Esel hierzulande genannt werden, vorüber, wohl die am meisten geplagten Tiere auf der ganzen Welt; sie sind ringsherum hoch beladen mit Holzkohle in Säcken, so daß sie ziemlich weit voneinander Abstand halten müssen. Andere

18. Indianer-Mädchen aus Oaxaca.

sind auf beiden Seiten mit mächtigen Körben und Gefäßen behangen, die allerhand Verkaufsartikel enthalten — mit traurig gesenkten Köpfen, in stiller Ergebenheit nehmen sie die Schläge und Püffe entgegen, die ihnen als Zeichen zum Anhalten oder Weitergehen dienen. Da laufen wieder Indianerfrauen vorbei, sie sind nur mit Unterrock und Hemd bekleidet, so daß Arme und Brust fast unbedeckt bleiben. Der schwere Korb, den sie auf dem Rücken tragen, ist gar nur mit einer Schnur befestigt, die um die Stirn läuft und tiefe Spuren darauf hinterläßt. Wieder andere haben auf dem Rücken ein Kind hängen, das sie in der gleichen Weise tragen, das Kleine aber ist so dürftig umwickelt, daß eins von den Beinchen keinen Platz mehr finden kann und infolgedessen an der Seite lang herunterhängt.

Auf prächtigem Rosse, geziert mit einem kunstvoll gearbeiteten Ledersattel, reitet der vornehme Mexikaner daher (Bild 34). Der Sattel zeigt geschmackvolle Ornamente in Leder geschnitten und mit Silber durchflochten, an diesem hängen mächtige, schuhartige Steigbügel herab. Die Kleidung des Reiters besteht aus enganliegenden Beinkleidern, die längs der Nähte prachtvoll mit silbernen Schnüren und Knöpfen verziert sind; in gleicher Weise ist die kurze Jacke reich geschmückt, und die riesigen klirrenden Sporen sind fein ziseliert und mit Silber ausgelegt. Der Sombrero, aus dem feinsten, braunvioletten Filz hergestellt, mit Gold gestickt und garniert, sowie ein Gurt um den Leib, der neben den Patronen wertvolle Pistolen und schön gearbeitete Messer enthält, vervollständigen den Anzug.

Mit dem Sombrero treibt der Mexikaner eine große Verschwendung; der Hut ist sein Stolz und seine Freude. Er wird aus dem allerbesten, seidenartigen Filz in allen möglichen Farben, die jedoch nie grell sind, gearbeitet, Gold und Silber für die Stickerei und die Troddeln derartig vergeudet, daß solch eine Kopfzier oft mehrere hundert

Dollars kostet. Das unpraktische einer solchen Kopfbedeckung ist aber vor allen Dingen, daß sie viele Pfund schwer ist und sich mithin zum Tragen in einem so südlichen Lande absolut nicht eignet.

Wie außerordentlich gefühllos der Südländer gegen die Leiden der Tiere ist, haben wir auf unserer Reise schon oft mit Bedauern gesehen; hier bietet sich wieder ein empörendes Beispiel von seiten der Geflügelhändler, welche die Tiere in rücksichtsloser Weise in Bündeln an den Beinen zusammenbinden und so tagelang zum Kaufe ausbietend herumtragen. Wird so ein armes Geschöpf dann abgebunden, ist es nicht mehr imstande zu laufen. Eine unaufhörliche Wallfahrt bilden die Händler mit allen erdenkbaren Dingen; am meisten aufdringlich sind die Verkäufer von „Dulce", Süßigkeiten, denen der Straßenstaub des ganzen Tages anklebt, die Händler mit Früchten, Blumen, Zeitungen, Lotterielosen ohne Ende, mit Limonaden, Eis usw.

Das einheimische schöne Geschlecht zeichnet sich durch reiche Toiletten aus, leider sind die sehr hübschen Gesichter oft durch übertriebene Anwendung von Puder und Schminke verunziert. Sehr zierliche Gestalten finden sich unter den dunkelfarbigen Mädchen des Landvolkes; geschickt einen Korb auf dem Kopfe balancierend, von dem das prächtige Langhaar ungefesselt herabwallt, trippeln sie vorüber. Alte, graubärtige Männer mit scharfgeschnittenen, festen Zügen, die wohl ehemals Banditenführer gewesen sein mögen, stehen in Lumpen gehüllt herum; sie würden prächtige Modelle für einen Maler abgeben. Unzählige Bettler und hilfsbedürftige Krüppel fehlen natürlich nicht, um das Bild zu vervollständigen.

Eine armselige Gruppe von Männern, Frauen und Kindern hat sich indessen vor unserem Tische angesammelt, sie schauen uns in maßlosem Erstaunen zu, wie wir unsere Aufzeichnungen machen und stoßen sich gegenseitig an ob des ihnen befremdlichen Treibens. Sie sehen uns neugierig zu, wenn wir die ihnen unbekannten Flüssigkeiten schlürfen und betrachten die Karten- und Dominospielenden mit einem Erstaunen, das deutlich verrät, daß sie in ihrem Leben etwas derartiges noch nie gesehen haben. Sie gebärden sich alle wie die Kinder und schauen schüchtern in die Innenräume des Cafés wie in ein Zauberschloß, es bedeutet für sie etwas Unerreichbares. Drüben spielt auf der hell erleuchteten Plaza eine nicht schlechte Kapelle ihre Weisen, das Volk sitzt dicht gedrängt auf den Bänken der Promenadenwege, während das bessere Publikum lachend und schwatzend um den ganzen Platz herum spaziert, den Bekannten immer wieder begegnend und sich verliebte Blicke zuwerfend.

Mexico City besitzt natürlich außer den Kirchen noch viele andere Sehenswürdigkeiten, deren nähere Beschreibung einem Reisehandbuch mehr zukommt, und beschränken wir uns darauf, hier noch das Wichtigste folgen zu lassen. Da möchten wir zunächst die National-Bibliothek, die in den Räumen der alten San Augustin-Kirche untergebracht ist, erwähnen; sie enthält eine höchst interessante Sammlung alter Bücher und Manuskripte, unter denen sich eine große Anzahl sehr seltener Exemplare befindet. Den eingegangenen Klöstern, deren Bibliotheken konfisziert wurden, verdankt diese Sammlung viele Schätze, sie gestaltete sich durch diese Beihilfe ungemein reichhaltig. Das Gebäude der Bibliothek wird zu den schönsten der Stadt gerechnet, die Architektur des Innern ist tadellos.

Die Nationalschule der schönen Künste ist in dem früheren Hospital de Amor de Dios untergebracht und hat eine stattliche Anzahl ausgezeichneter Gemälde aufzuweisen. Mexiko hatte seit dem Jahre 1600 einige sehr hervorragende Künstler unter seinen Söhnen, von denen der bedeutendste Francisco Ed. Tresguerras war, der die Künste der Malerei, Bildhauerei und Architektur in gleichem Maße beherrschte. Unter Leitung des Architekten Manuel Tolsa nahm die Akademie einen bemerkenswerten Aufschwung, trotzdem die jährlichen Staatsbeiträge sehr gering waren. Erst unter der Regierung des Präsidenten Juarez erfolgte die Bewilligung einer jährlichen Beisteuer von 35000 Dollars, die der Galerie sehr zustatten gekommen ist. Einen Hauptanziehungspunkt für den Fremden bildet das National-Museum der Residenz, denn die Sammlung der historischen Altertümer ist von unschätzbarem Werte. Infolge der vollständigen Zerstörung aller Altertümer während der Zeit der spanischen Invasion ist unendlich wenig von den Kostbarkeiten der ältesten Periode der mexikanischen Kunst erhalten geblieben, doch befinden sich im National-Museum manche sehr wichtige Stücke, wie der Kalenderstein (Tafel 10), der sich durch seine vorzüglich erhaltene Skulptur so deutlich als solcher erkennen läßt, daß es wunderbar erscheint, wie er zu Mißdeutungen Veranlassung geben konnte. Ferner sehen wir den weiter vorn schon eingehend besprochenen Piedra de los Sacrificios, der am Rande ringsherum Darstellungen von Menschen zeigt, die zur Opferung herbeigeschleppt werden. Die Menschenschlächterei ist eine fürchterliche Sitte bei den alten Mexikanern gewesen und die Zahl der Opfer eine erschreckende. Die Zeremonie dabei bestand darin, daß den Göttern das Herz noch rauchend zur Sühne dargebracht werden mußte. Wie bereits beschrieben, diente dieser mächtige Stein für die Kämpfe mit den gefangenen Feinden; der eigentliche Opferstein war konvex gestaltet, so daß die Brust des darauf gelegten Opfers sich nach oben drängte, wodurch dem Priester die Operation des Brustaufschneidens erleichtert wurde. Der durch die Kleidung und besonderen Kopfschmuck kenntlich gemachte Topeltzin, wie der für das grausame Werk erwählte Priester genannt wurde, brauchte für die Vollziehung der Opferung fünf Gehilfen, von denen einer mit einem hölzernen Instrument den Kopf nach unten drückte, während die anderen vier das Schlachtopfer an Händen und Beinen festhielten, demselben so jedwede Bewegung zur Unmöglichkeit machend. Diese Menschenopferungen gaben den Spaniern für ihr Vorgehen den Vorwand ab, alles vom Erdboden verschwinden zu lassen, was noch hätte an die Religionsgebräuche dieses Volkes erinnern können — waren aber jene zahllosen Autodafés etwas anderes als religiöse Menschenopfer?

Ein riesenhaftes Steinidol von 400 Zentnern Gewicht aus prähistorischer Zeit ist der sog. Wassergott, der in der Nähe der Pyramiden Sonne und Mond, die wir später noch kennen lernen werden, ausgegraben worden ist. Des entsetzlichen Kriegsgottes Huitzilopoxtli, den wir nun hier vor uns haben, gedachten wir ebenfalls bereits. Über seine Bedeutung ist viel gestritten worden, doch scheint die Annahme, dieses Ungetüm habe den Gott des Krieges vorgestellt, die wahrscheinlichste. Als ein Gott, der auf dem Schlachtfelde die Seelen der gefallenen Krieger in seinen Schutz nimmt, ist er ja auch gehalten worden. Da die Vorder- und Rückseite je ein fratzenhaftes Ungeheuer darstellt, so dürften, wie wir bereits ausführten, beide Götzen in eine Figur vereinigt worden sein, um so mehr als Teoyamiqui, die Beschützerin der Gefallenen, die Frau des Kriegsgottes gewesen ist.

Eine sehr gut gearbeitete Figur ist die des Chac-Mol, der in ziemlich unbequemer Stellung, halb liegend, sich das Sinnbild der Sonne auf den Magen hält. Nach Chavero ist es der Feuergott, und als solcher wird er uns auch hier vorgestellt, man hat ihn aber auch schon als König der Itzacs und als eine Art Bacchus bezeichnet; gefunden wurde diese interessante Statue in Chichen-Itza im Yukatan.

Ein Kolossalkopf aus Diorit, vorzüglich skulpiert, unbekannten Ursprunges, aber jedenfalls aus der Zeit der Azteken stammend, ist von rätselhafter Bedeutung. Die am Vorder- und Hinterkopf angebrachten Muscheln haben sicherlich irgendwelche religiöse Bedeutung, doch ist eine Erklärung hierfür, wie auch für die daran angebrachten Zeichen zurzeit unmöglich; der Kopf bildet eine Zierde der Sammlung.

Außer diesen angeführten Reliquien enthält das Museum eine große Anzahl von Schmucksachen, Waffen und sonstigen kriegerischen Ausrüstungen aus der Zeit der Tolteken und Azteken, wie auch aus der Regierungszeit der Spanier. Das vorige Jahrhundert ist vertreten durch Andenken an den todesmutigen Priester Hildalgo, sowie an den Kaiser Maximilian und schließt ab mit dem Wagen des Präsidenten Juarez.

Wenn wir uns nun der näheren Umgebung der Hauptstadt zuwenden, so müssen wir vor allen Dingen Tacubaya erwähnen, das, in allernächster Nähe der Stadt liegend, bequem mit der Straßenbahn zu erreichen ist. Es bildet die Sommerresisdenz der reichen Mexikaner, und hat der Ort infolgedessen wundervolle Besitzungen mit parkähnlichen Gärten, die mit prachtvollen Blumen übersät sind, aufzuweisen. Der Ort ist in neuerer Zeit das Monte Carlo von Mexiko genannt worden und nicht ganz mit Unrecht, denn man kann hier so leicht wie dort kleine Beträge und wirkliche Vermögen in kurzer Zeit verlieren.

Einen Besuch verdient auch der Viga-Kanal, der verschiedene Vororte mit der Hauptstadt verbindet, beziehentlich einen schiffbaren Wasserweg bis zum Lago Texcoco bildet. Mancher Tourist läßt sich durch einseitiges Urteil von diesem Ausfluge abhalten; wer aber Interesse daran hat, ein Stück mexikanischen Volkslebens kennen zu lernen und nebenbei auf der Fahrt in einer netten Gondola malerische Uferszenerien schauen will, der lasse sich nicht davon abhalten, einen halben oder ganzen Tag dem Viga-Kanal zu widmen. Gleich zu Anfang fährt man von der Plaza Mayor aus durch einen Stadtteil, den man sonst gar nicht zu sehen bekommt. Es ist eine Gegend, die zumeist von der niederen Klasse bewohnt wird, aber gerade deshalb erhält man hier eine solche Menge interessanter Einblicke in das Treiben und Leben des Volkes, wie man sie anderwärts nicht so leicht vereinigt findet. Man fährt am besten bis nach Santa Anita mit dem Wagen, denn erst von da an besitzt der Kanal immer reichlich Wasser, und von hier an entfaltet sich ein besonders lebhaftes, eigenartiges Treiben.

Zwischen den malerischen, mit wundervollem Baum- und Buschwerk bestandenen Ufern des Kanals bewegen sich zahllose Kähne in allen möglichen Größen und Formen, mit dem denkbar verschiedensten Inhalt beladen. Auf diesen Fahrzeugen wird ein großer Teil der gesamten Nahrung für die Bewohner der Stadt, Unmassen von Futter für die Tiere und eine Menge Gebrauchsgegenstände herbeigeschafft — all das bildet ein verblüffendes Durcheinander. Für den Gebrauch des Publikums sind Gondeln zur Verfügung, die denjenigen Venedigs ähneln; sie sind mit Schutzdächern gegen die Sonnenstrahlen versehen und machen mit den teppichbelegten Sitzen einen freundlichen Eindruck. Während der Fahrt treiben an uns große, flache Boote vorüber, hoch beladen mit Gemüse, denen die Canoës und andere kleine Schiffe geschickt und schnell ausweichen. Dazwischen fahren große Kähne, mit Schafen, Kälbern und Schweinen so voll geladen, daß kein Apfel zwischen ihnen zur Erde fallen könnte. Kleinere Fahrzeuge sind vollgepfropft mit Enten, Gänsen und Hühnern, größere wieder mit Feuerungsmaterial und Eseln. Für die letzteren ist die Reise gleich einem Festtag, aber bald genug erwartet sie in der Stadt neue Plage, denn sie sind nur zu dem Zwecke mitgenommen worden, die im Kahn liegenden Lasten solange kreuz und quer in den Straßen der Stadt auf dem Rücken herumzuschleppen, bis alles verkauft ist. Macht der Verkäufer schlechte Geschäfte, so läßt er seinen Ärger an dem unschuldigen Tier aus; diese Kerle hauen oft solange auf die Burros ein, bis der Prügelstock zerbricht.

Die Kanalfahrt kann beliebig ausgedehnt werden, am Ende gelangt man nach den schwimmenden Gärten bei San Juanico und Ixtacalco. Der Name „Gärten" mag seinerzeit volle Berechtigung gehabt haben, als hier, auf dem Wasser schwimmend, Blumen zur Schmückung des Palastes der aztekischen Könige gezogen wurden, jetzt sieht man nur noch umfangreiche Gemüsebeete auf dem Wasser treiben, zwischen denen man in kleinen Booten herumfahren kann. Das ganze Bild ist so eigenartig und fremd, daß der Besucher einen bleibenden Eindruck davon erhält.

Während der Herrschaft der Spanier sind zahlreiche religiöse Legenden entstanden, mehrere davon haben die Veranlassung zur Entstehung von Klöstern und Kapellen geboten. So die Kirche „Nuestra Senora de los Remedios", die sich auf dem Hügel Totoltepec, 5 km von der Stadt entfernt, befindet. Hier soll der Indianerhäuptling Cequauhtzin im Jahre 1540 die heilige Jungfrau dreimal gesehen haben, und zwar soll sie ihm zu dem Zwecke erschienen sein, ihn zu veranlassen, ein bei der Flucht der Spanier (1521) verstecktes Muttergottesbild zu suchen, das er nach langem Bemühen auch schließlich in einem Maqueyfeld verborgen vorfand. Er nahm das Bild mit heim, doch es verschwand trotz der sorgfältigsten Bewachung immer wieder aus der Wohnung und kehrte nach dem Fundorte zurück, bis er sich zuletzt entschloß, das Heiligtum an die Mönche abzugeben — dort blieb es und fand endlich Ruhe.

Der heiligste Ort in ganz Mexiko, der gleichfalls durch eine Legende seine hohe Bedeutung erlangt hat, ist Guada-

19. Ein Marktplatz in Mexiko.

lupe, unweit der Hauptstadt. Die daselbst errichtete prachtvolle Kirche steht auf derselben Stelle, wo die Azteken ihre Mutter Gottes „Tonantzin“ verehrten. Die Religion der alten Mexikaner war in überraschender Weise der christlichen ähnlich; die Totonaken glaubten an einen Heiland, der, vom höchsten Gotte gesandt, kommen werde, um sie von ihren Sünden zu befreien. Die Otomis hatten die Sage von einer unberührten irdischen Jungfrau, die ein göttliches Wesen geboren habe; die Kinder konnten durch die Taufe von der Erbsünde befreit werden. Daß die Selbstpeinigung gebräuchlich war, erwähnten wir bereits und fügen nun noch hinzu, daß diese von den Priestern bei der Beichte begangener Sünden auferlegt wurde. Den Priestern war gleich denen der Katholiken die Ehe verboten. Diese Gebräuche stammen nicht aus der Zeit der Ankunft der Spanier in Mexiko, sondern sie wurden schon Jahrhunderte vor dieser geübt.

Die Legende von Guadalupe ist kurz gefaßt die folgende: Juan Diego, ein armer aber frommer Indianer, hatte im Jahre 1531 an dem Hügel von Guadalupe eine Erscheinung der Mutter Gottes; die heilige Jungfrau forderte ihn auf, zum Bischof zu gehen und ihm mitzuteilen, es sei ihr Wunsch, daß auf dem Hügel zu ihren Ehren eine Kapelle erbaut werde. Juan Diego tat wie ihm geheißen, doch der Bischof Zumarraga schenkte ihm keinen Glauben und verlangte von ihm ein Zeichen für die Wahrheit seines Berichtes. Sorgenvoll ging der Indianer zu der Stelle, wo die Erscheinung stattgefunden hatte, zurück, die sich bei seiner Annäherung wiederholte, und so klagte er der heiligen Jungfrau seine Not. Daraufhin forderte ihn diese auf, die Rosen zum Bischof zu tragen, die er am Hügel finden werde. Und siehe da! zum maßlosen Erstaunen Diegos wuchsen sofort die schönsten Rosen aus dem Boden auf, wo vorher niemals etwas anderes als stacheliger Kaktus gestanden hatte. Eifrig sammelte er die herrlichen Blumen in seiner weißen Tilma und eilte damit zur Wohnung des Bischofs. Doch welche Überraschung! Als er die Tilma ausbreitete, fielen nicht nur die Rosen zu Boden, sondern es zeigte sich auf der Tilma ein wundervolles Mutter Gottesbild, das nun als Reliquie aufbewahrt und in der bald darauf errichteten Kapelle untergebracht wurde. Das Wunder zu Guadalupe mit der sich daran knüpfenden Legende wird von dem mexikanischen Volke sehr hoch gehalten, jedenfalls wäre es ein sehr großes Wagnis, die Echtheit desselben öffentlich anzweifeln zu wollen. Die Legende erhielt erst am 25. Mai 1754 nach vielen vergeblichen Bemühungen die Sanktion der Kirche zu Rom. Dann aber wurde die heilige Jungfrau von Guadalupe als Schutzpatronin Mexikos proklamiert und der 12. Dezember zum allgemeinen Festtag erhoben.

Heute befinden sich an Stelle der ursprünglich erbauten Kapelle, außer der großen Hauptkirche auf dem Hügel, eine ganze Reihe Gotteshäuser zu Füßen desselben. Die Kirche in ihrem jetzigen Zustande ist ein Werk der neueren Zeit; der Neubau begann im Jahre 1887 und wurde 1898 vollendet. Der wundervolle, edle Stil des Innern, verbunden mit der vornehmen Pracht der Ausstattung, wirkt beim Betreten der Kirche überwältigend. Nur ausgesucht vorzügliches Material wurde für den Ausbau verwendet und Kosten nicht gescheut; für den Hochaltar allein wurden 150000 $ gespendet. Dieser Altar birgt die heilige Tilma mit dem Bildnis der Mutter Gottes, so wie es Juan Diego übergeben worden sein soll. Über dem Mirakel ist eine mit einer Menge sehr wertvoller Edelsteine besetzte Krone von Gold angebracht. Dies gab am 12. Oktober 1895 die Veranlassung zu einem großen Feste, zu dem die Wallfahrer aus allen Gegenden des Landes zu Tausenden zusammenströmten. Zur Herstellung der Krone waren Edelsteine und Schmucksachen der vornehmen Frauen des ganzen Landes gesammelt worden, deren Vereinigung und Umarbeitung zu einer Krone allein 30000 $ kostete. Man erzählt, die von seiten der Geistlichkeit bei Gelegenheit der Inauguration entfaltete Pracht sei unbeschreiblich gewesen.

Ein Besuch Guadalupes gehört auf alle Fälle zu den wichtigsten Ausflügen in der Umgebung der Hauptstadt von Mexiko.

Die Stierkämpfe in Mexiko.

Unter den beliebtesten Volksvergnügungen der Mexikaner nehmen leider noch immer die Stiergefechte (Bild 15) einen hervorragenden Rang ein, während sie in anderen Staaten, außer Spanien und Kuba, auf der ganzen zivilisierten Welt verboten sind. Auch in Kuba fanden sie während der Okkupation der Vereinigten Staaten nicht statt doch wurde gleich am ersten Tage nach dem Abzug der Armee schleunigst ein Stiergefecht wieder abgehalten. So abscheulich das Schauspiel auch ist, so trieb uns doch die Neugierde, ein solches einmal mit anzusehen. Als wir uns auf den Weg machten, konnten wir schon daran, daß weit und breit kein Wagen zu erhalten war, während sonst unbeschäftigte Kutscher scharenweise herumlungern, merken, welche starke Anziehungskraft ein Stierkampf hat. Schließlich bekamen wir noch ein Gefährt zu einem ganz ungewöhnlichen Preise. Die Straßenbahnwagen waren alle zum Ersticken besetzt, und je näher wir der Arena kamen, desto dichter wurden das Menschengedränge und der Staub. Einige Billetts zur Sombra waren noch durch Zwischenhändler zu erlangen; es gibt nämlich drei Sorten Sitzplätze in dem kolossalen, oben offenen Amphitheater, in dessen Mitte sich der Ring für den Kampf befindet, und zwar zu 50 C. auf der Sonnenseite, wo sich das Publikum geduldig die sengenden Sonnenstrahlen auf den Kopf brennen läßt, und zu 2 1/2 $ auf der Schattenseite, der Sombra, während sich über diesen Plätzen noch die Privatlogen befinden. Der billigste Platz war von einer fast ununterbrochen johlenden und pfeifenden Menge besetzt, die sich vorläufig damit belustigte, sich gegenseitig Apfelsinenschalen und andere unbrauchbare Dinge an den Kopf zu werfen. Oft flog infolgedessen ein Hut in die Arena, was immer die größte Heiterkeit verursachte, besonders, wenn es ein Zylinderhut war. Diese freundlichen Scherze wurden in aller Gemütlichkeit entgegengenommen. Da auf der Sombra das bessere Publikum vertreten war, ging es in unserer Umgebung sehr ruhig zu, allem Anschein nach befanden sich sehr viele Fremde mit hier, die gleich uns die Neugierde hergetrieben hatte. Die Logen waren wenig besetzt, doch würde man zu einem falschen Schlusse gelangen, wenn man dies als einen Beweis betrachten wollte, daß sich die vornehmeren Mexikaner von den Stiergefechten fernhalten, denn wenn sich ein besonders berühmter Kämpfer einfindet, dem zu Ehren dann auch seiner würdige Stiere in der Arena sind, sieht man auch die Vornehmsten alle hier versammelt.

Es wurde schon zu wiederholten Malen versucht, ein Gesetz durchzubringen, das die Abhaltung der Stiergefechte verbieten solle, doch mußte es stets unter dem Vorwande zurückgezogen werden, daß man nicht wagen könne, dem „niederen Volke" diesen beliebten Sport zu nehmen.

Je mehr die Stunde des Kampfspiels heranrückte, desto toller wurde der Tumult, ohne daß es zu Prügeleien gekommen wäre, auch die zahlreichen anwesenden Polizeisoldaten schienen das Treiben vollständig in Ordnung zu finden. Viele Tausende Menschen füllten nun den Raum, und die Musik begann zu spielen, wovon allerdings bei dem Lärm nichts zu hören war, man konnte indessen an den

20. Indianer-Wohnungen im südlichen Mexiko.

Bewegungen sehen, daß Musik gemacht wurde. Doch nun öffnete sich der Ring des Kampfplatzes, und die sämtlichen Teilnehmer am Kampfe erschienen auf der Bildfläche. Zuerst auf edlem, prachtvollem Rosse der Alguazil, vor dem im Zuschauerraume sitzenden Kampfpräsidenten aufreitend, um von ihm die Genehmigung zum Beginn des Festes zu erlangen. Dieser hat den ganzen Verlauf des Kampfes zu leiten, er gibt das Zeichen zum Einlassen des Stieres in die Arena, er bestimmt, wann die Banderilleros aufhören sollen, das abgehetzte Tier zu quälen, beziehentlich den Augenblick des Eingreifens des Matadores. Der Präsident hat ein nicht leichtes Amt, denn läßt er dem Stier nach der Meinung des Publikums den Gnadenstoß zu bald geben, so ist die Menge unzufrieden, und der Mann des Mitgefühls wird unpopulär. Nach dem Alguazil folgten die Matadores, die Hauptpersonen beim Feste, kräftige, hübsche und gut kostümierte Burschen, mit sorgfältig gepflegtem Bart und langem Haar, das in einem Zopf zusammengewunden war; sie haben am Schluß der Stierhetze dem Tier mit einem langen Degen den Todesstoß zu versetzen. Hinter diesen schritten die Banderilleros, die mit Bändern und Flittern gezierte Stäbchen, mit Widerhaken versehen, dem Stier in die Schultern zu stoßen haben, wenn er, durch die roten Tücher wild gemacht, ihnen entgegenstürmt, damit er zu noch größerer Wut gereizt wird. Diesen Teil des Kampfes nennt man das Schmücken des Stieres. Die Nächstfolgenden im Zuge waren die Capeadores, denen die Arbeit zufällt, rotfarbige Tücher, die der Stier bekanntlich nicht leiden mag, entgegenzubreiten, um das aufgeregte Tier immer mehr zu reizen. Ihnen folgten zu Pferde die Picadores, die die Angriffe des Stieres von den in Gefahr geratenden Kämpfern mit langen Lanzen abzuwehren haben. Es waren richtige Ritter von der traurigen Gestalt, auf erbärmlichen Rosinanten reitend, denen die Augen verbunden

waren, da sie sonst wohl schwer gegen den Stier zu leiten wären. Man wählt aus dem Grunde meist schlechte Pferde aus, weil fast bei jedem Stiergefecht eins oder das andere mit den Hörnern gespießt wird. Wir konnten uns eines Lächelns nicht erwehren, als die kläglichen Gestalten in der Arena herumzugaloppieren begannen. Den Schluß des Zuges bildete eine von vier Maultieren gezogene Karre, die zum Wegschaffen des getöteten Stieres dienen sollte. Der ganze Aufzug war entschieden stattlich, die Kostüme durchweg sehr elegant, aber der Gesichtsausdruck der Kämpfer meist recht roh, wie es eine solche Tätigkeit ja mit sich bringen muß.

Die Akteure hatten sich verteilt, ein Trompetensignal ertönte, es öffnete sich eine Tür im Ringe der Arena, und sofort raste der erste Stier, mit einem an der Schulter eingehakten Blumenstrauß und flatternden Bändern geschmückt, herein. Das Tier befindet sich bei seinem Eintritt bereits in hochgradiger Erregung, da es in seinem Stalle stundenlang gepeinigt wird. Gleich zu Anfang ereignete sich ein aufregender Zwischenfall; nachdem der Stier auf einige der roten Tücher losgejagt war, die ihm bei der Annäherung geschickt und blitzschnell während des Zurseitespringens des Capeadores über den Kopf weggezogen wurden, blieb so ein Tuch an der Spitze eines Hornes hängen, der Capeadore strauchelte und fiel vor die Füße des Tieres. Mit erstaunlicher Geschicklichkeit kugelte er sich seitwärts und sprang auf, doch befand er sich jetzt so dicht an der Barriere, daß eine Flucht unmöglich schien. Es blieb ihm nur der Weg über die hohe Umfassung übrig; der schnelle Sprung gelang ihm glänzend, und im nächsten Moment raste der Stier gegen die Blanken mit solcher Wucht, daß ein Teil derselben zersplitterte. Unendlicher Jubelruf lohnte die kühne Tat.

Nun erscholl wieder ein Trompetenstoß, das Zeichen für das Auftreten der Banderilleros. Der Vortretende schleuderte Hut und Mantel unter lebhaft gespendetem Beifall in den Zuschauerraum, eilte in die Mitte der Arena und schwang in jeder Hand eine der schon oben beschriebenen Banderillos. Alsbald erblickte der Stier den neuen Feind und nahm den Anlauf gegen ihn; der Banderillero erwartete dessen Ankunft unbeweglich, und in dem Augenblicke, wo es den Anschein hatte, der Mann würde von dem gereizten Tier zu Boden gerannt werden, streckte derselbe seine hoch erhobenen Arme weit nach vorn und bohrte dem Stier mit bewundernswerter Sicherheit und Geschwindigkeit die zwei kleinen Lanzen rechts und links in die Schultern, im selben Moment mit einem Satz aus der Schußlinie entweichend. Dieser Teil des Kampfes erfordert eine eminente Geschicklichkeit, so daß wir, nachdem der kaltblütige Geselle das gleiche Spiel dreimal mit demselben großartigen Erfolge ausgeführt hatte, bewundernd in das enthusiastische Beifallsklatschen der Anwesenden mit einfielen.

Der dritte Trompetenstoß war das Signal für das Auftreten des Matadores. Mit dem langen, blinkenden Degen bewaffnet in den Ring tretend, wurde derselbe jedoch nicht gleich von dem Stiere bemerkt, da er seine Aufmerksamkeit auf einen der Picadores gelenkt hatte, an dem er Rache zu nehmen gedachte. Das noch immer kräftige und durch die vielfachen Verwundungen zur höchsten Wut entflammte Tier galoppierte auf den ruhig an der gegenüberliegenden Seite haltenden Picadores zu. Diese haben nämlich nie einen Angriff zu machen, sondern solche von seiten des Stieres, wo immer notwendig, mit Hilfe der Lanze abzulenken. Der Überfall geschah so plötzlich, daß der Picadores den Stier zur Verteidigung wahrscheinlich nicht gut genug aufs Korn nehmen konnte und ihn nur leicht mit der Lanze streifte; infolgedessen faßte dieser das arme Pferd in der Flanke, so daß es stürzte. Der Stier ließ nun seine ganze Wut an dem Pferde aus, jedenfalls in der Genugtuung, nun endlich ein Opfer erwischt zu haben, riß ihm mit den Hörnern den Leib auf und wühlte buchstäblich in den Eingeweiden des unglücklichen Tieres. Der Picadores selbst schwebte in der größten Gefahr, da er mit einem Bein unter dem Pferde lag, doch gelang es, ihn unter schnell herbeigeeilter Hilfe freizumachen und die Aufmerksamkeit des Stieres durch rote Tücher abzulenken; er war mit einem Armbruch davongekommen. Der schreckliche Vorfall wurde ebenfalls durch furchtbares Beifallsklatschen, Gejohle und Gepfeife gefeiert, so daß die ganze Plaza de Toros erdröhnte, woran man ermessen konnte, welche Roheit in dem niederen Volke steckt. War es der starke Pulquegenuß, der die Freude an dem schrecklichen Schauspiel so unbändig hervorrief, oder ist in den Nachkommen der Azteken noch etwas übriggeblieben von dem Blutdurst, der bei den Abschlachtereien der Menschenopfer sich jahrhundertelang entwickelt hat?

Nun wendete sich der Stier mit blutbesudeltem Haupte, sich heftig schüttelnd, um die ihn peinigenden Banderillos los zu werden, dem Matadores zu, wurde aber offenbar nach-

21. Kaktushecken im Süden Mexikos.

gerade infolge des starken Blutverlustes etwas schwach. Ein rotes Tuch, das der Matadores schwenkte, feuerte indessen seinen Zorn von neuem an, er nahm einen Anlauf auf seinen Gegner, der den Degen hoch schwang und denselben dem Stier bei seiner Ankunft, mit einem gleichzeitigen Seitensprunge, bis an das Heft dicht hinter der Schulter in den Leib bohrte. Der Stier zuckte und stand wie an den Boden gefesselt seinem Besieger gegenüber, starrte denselben an und zitterte am ganzen Körper, aber er fiel nicht. Da, mit einem kühnen Griff faßt der Matadores blitzschnell den Degen wieder — ein Ruck, und derselbe war in seinen Händen. Der Stier versuchte trotz der tödlichen Verwundung einen matten Stoß mit den Hörnern, doch sofort sauste die Klinge ein zweites Mal in seinen Körper — und noch immer stand der Unbezwingliche auf seinen Beinen ohne zu wanken. Die Stille des Todes lagerte jetzt über der ganzen Arena — das Grausen hatte alle mehr oder weniger gepackt; da endlich zog der Matadores einen mächtigen Dolch, stieß ihn dem Stier in den gebeugten Nacken, und wie vom Blitze getroffen stürzte das gewaltige Tier vor seine Füße. Wir mußten uns unwillkürlich fragen, ob der Name Kampf die richtige Bezeichnung für diese Schaustellung wäre, da das Ganze doch viel eher aus einer grausamen Hinschlachterei bestand. Der auf den Zuschauern gelagerte Bann schwand, donnernder Beifall lohnte die Arbeit des Matadores, der nach unserer Ansicht diese doch entsetzlich ungeschickt ausgeführt hatte; Silberdollars und kleinere Münzen, Blumen, Orangen und Zigarren flogen zur Anerkennung in die Arena, die der ruhmbedeckte Sieger stolzen Hauptes, hinter dem Karren herschreitend, der den toten Stier hinausbeförderte, verließ.

Damit war aber das Fest noch lange nicht zu Ende, denn sechs Stiere waren auf dem Programm für das Kampfspiel vorgemerkt.

Die nächsten drei Stiere, alles Tiere voller Leben und Feuer, wurden in der herkömmlichen Weise abgetan und zwar ohne irgend welchen Unfall, als aber der fünfte Stier in die Arena kam, führte derselbe eine erschütternde Szene herbei; es ereignete sich ein Unglücksfall, der für den Betroffenen jedenfalls recht verhängnisvoll abgelaufen sein wird. Ein offenbar sehr geschickter Capeador, der sich gleich zu Beginn des Kampfes dadurch auszeichnete, daß er sich vor einem Angriff des ungemein lebhaften Tieres durch einen gewandten Sprung über dasselbe rettete, hatte im weiteren Verlaufe seiner Attacken das Mißgeschick, auszugleiten und dicht vor dem Stiere hinzufallen. Mit dem Rücken nach oben liegend, wurde derselbe, als das wütende Tier mit tief gesenktem Kopfe gegen ihn anstürmte, von einem der scharfen Hörner über der Hüftengegend gespießt; doch es war noch ein Glück zu nennen, daß der Stier sein Opfer nicht mit beiden Hörnern erfaßt hatte, da er es im Vorübersausen nicht auszuheben vermochte, sondern mit dem einen Horn abglitt. Der Unglückliche wurde als tot vom Platze getragen, indessen ging nach Beendigung des Festes das Gerücht, die Verwundung sei keine unbedingt tödliche, wenngleich sehr schwere. Wir hatten in den wenigen Stunden des Nachmittags der aufregenden und erschütternden Szenen so viele erlebt, daß wir keine Lust verspürten, ein Stiergefecht ein zweites Mal zu besuchen. Was für rohe Menschen müssen es sein, die ein derartiges entsetzliches Treiben für ihren Beruf erwählen, und wie verderblich müssen diese Schaustellungen auf das Gefühlsleben der Kinder wirken, die schon in ihrer frühesten Jugend solcher Grausamkeiten ansichtig werden. Kein Wunder, daß man auf Schritt und Tritt Tierquälereien begegnet.

Amecameca und die Vulkane.

Nur zwei Stunden Eisenbahnfahrt mit der Interoceanic R. R. bringen uns von der City bis dicht zu den Füßen der beiden Bergriesen Ixtaccihuatl und Popocatepetl, die wir auf allen unseren Ausflügen um die Hauptstadt herum die Gegend beherrschen sehen. Wenn man gegen abend in Amecameca eintrifft, kann es sehr leicht vorkommen, daß die mächtigen, schneegekrönten Häupter der beiden Vulkane vollständig in Wolken gehüllt sind. Desto größer ist dann die Überraschung am nächsten Morgen, wenn man die kolossalen Berge, die hier noch etwa 3000 m über das Hochplateau hinausragen, in wunderbarer Klarheit, mit den helleuchtenden, einige tausend Fuß vom Gipfel herab mit Schnee und Eis bedeckten Kuppen vor sich liegen sieht. Sie scheinen uns dann so nahe, daß man glaubt, sie mit einem kräftigen Steinwurf erreichen zu können, und doch ist es bis zum Beginn der ersten Steigung noch mehrere Stunden Reitens; die Entfernung täuscht in der klaren, dünnen Luft ungemein. Der Unterschied in den Größenverhältnissen zwischen dem vor uns liegenden Städtchen und dem riesenhaften Gipfel des Popocatepetl ist ein überwältigender.

Amecameca ist ein freundlicher Ort inmitten goldgelber Maisfelder, und in den Gärten wie auf der Plaza findet sich im Schatten der mächtigen Bäume manch angenehm kühles Plätzchen. Die Gegend macht einen recht friedvollen Eindruck, aber Diebe gibt es hier trotzdem wie überall in Mexiko; man erzählte uns, daß einmal über Nacht sämtliche Petroleumlampen der städtischen Straßenbeleuchtung gestohlen worden seien. Am Eingang des Städtchens befindet sich der Sacromonte, ein vulkanischer Hügel, der mit schönen, steinalten Cypressen, von denen das graue spanische Moos in langen Bändern herabhängt, bewachsen ist;

zwischen den Bäumen hindurch eröffnen sich entzückende Durchblicke nach den beiden Bergen. Es empfiehlt sich, bei hellem Wetter noch am Abend den Sacromonte zu besteigen, um in aller Einsamkeit das großartige Schauspiel des Sonnenunterganges zu genießen. Wenn im sanften Dämmerscheine sich die scharfen Linien der Gipfel dieser herrlichen Zwillingsberge noch scharf von dem leuchtenden Himmelsgewölbe abheben, während hier unten im Tal die Sonne schon längst Abschied genommen hat, so daß die Einzelheiten nicht mehr klar zu erkennen sind, dann wirken die beiden Kolosse auf uns in ihrer ganzen erdrückenden Majestät. Ihre wuchtigen Gestalten beherrschen das ganze im fahlen Dämmerlichte liegende Hochplateau so unbedingt, daß alles neben ihnen in ein Nichts verschwindet. Der Popocatepetl ist der höhere von beiden Bergen, er bildet eine vollkommene Pyramide, die oben durch einen in blendender Weiße strahlenden Gletscher abgerundet ist. Der Ixtaccihuatl ist malerischer geformt, sein Haupt ist wild gezackt und langgestreckt, aber ebenfalls mit einem weiten Eismantel umhüllt (Bild 16). Diese Berge haben auch ihre Sage, wie alles, wo die Indianer ihren Fuß hingesetzt haben, da sie für die Natur und die in ihr herrschenden Gewalten ein ungemein empfängliches Gemüt besaßen. Sie erzählen, diese Berge seien Riesen und werden einstmals wieder auferstehen; sie sind zur Strafe, weil sie sich vermessen haben, sich gegen den höchsten Gott aufzulehnen, zu Stein verwandelt worden. Obwohl sie sich nun nicht vom Platze bewegen können, ist in ihrem Innern das Leben nicht erloschen, und früher hat der Popocatepetl in seiner ohnmächtigen Wut noch oft glühende Lava aus seinem Kraterschlunde gespien, sich mit der Zeit jedoch widerstandslos in sein Schicksal ergeben; nur ein giftiger Atem entsteigt noch seinem Rachen.

Wenn die tiefen Schatten der Nacht langsam an den Wänden der Berge aufwärts kriechen, die Waldungen in undurchdringliches Dunkel hüllen, dann glänzt noch lange der Sonnenschein auf den blendenden Schneefeldern und beleuchtet noch die öde, weiter unterhalb liegende Gesteinsregion. Dann sinkt auch diese in schwere Schatten, aber noch immer strahlt, nachdem der Ixtaccihuatl schon in nächtiges Dunkel gehüllt ist, der Schein des scheidenden Tageslichts auf dem hocherhobenen Haupte des Popocatepetl. Nun färbt sich die weiße Fläche rot und immer röter, — ist es glühende Lava, die sich plötzlich über den höchsten Gipfel des Berges ergießt? Der Abschiedskuß der Sonnenstrahlen ist es, den diese als letzten Gruß auf sein weißes Haupt drücken, damit es in tiefen Schlaf versinke, bis es am nächsten Morgen von den ersten Strahlen der aufgehenden Sonne wieder liebend umfangen wird.

Auf dem Gipfel des Sacromonte, den wir nun verlassen müssen, stehen eine Kirche und ein ehemaliges Kloster, malerisch umgeben von prächtigen Steineichen. Nirgends ist der Blick freier und großartiger auf die beiden Vulkane als von dieser Anhöhe aus, die zugleich einen Überblick auf die ganze Umgebung gewährt.

Der Popocatepetl wird gewöhnlich von denjenigen Touristen, die in Mexiko eine Besteigung ausführen wollen, zu einer solchen auserwählt. Um zu dem Fuß des Vulkans zu gelangen, d. h. zur Stelle, wo die Steigung beginnt, benötigen wir etwa zwei Stunden. Unsere Truppe bildete eine kleine, gut versorgte Karawane, bestehend aus zwei Amerikanern, die schon in Europa tüchtige Hochtouren unternommen hatten, meiner Wenigkeit, zwei Führern, zwei Trägern und zwei Pferdetreibern, deren Packpferde mit Proviant, warmen Kleidern und Schlafdecken bepackt waren. Alle gemieteten Leute waren Indianer, und der eine der Führer, ein lebhaftes, fideles Kerlchen, hatte die Bergtour schon oft gemacht und gefiel sich darin, uns von verunglückten Besteigungen seiner Kameraden zu erzählen, ihm selbst war natürlich noch nie eine Exkursion mißglückt.

Anfangs führt der Weg durch gut bebautes Land aufwärts, und die Bergabhänge sind reichlich mit Wald bewachsen. Ungefähr eine Stunde lang ist die Steigung eine sehr bequeme, die Pfade werden von Mensch und Tier noch viel begangen und sind gut gehalten. Wir waren um 6 Uhr früh aufgebrochen, doch schon machten sich die Strahlen des höher steigenden Tagesgestirns unangenehm fühlbar, und nun begann auch der Aufstieg sich wesentlich beschwerlicher zu gestalten. Steinige Flächen, ausgetrocknete Bäche waren zu überschreiten, aber unsere Pferde, offenbar an derartige schlechte und steile Wege gewöhnt, gingen vorsichtig über alle die Hindernisse hinweg. Die Vegetation hatte inzwischen einen dürftigeren Anstrich bekommen, Weideland, auf dem viel Vieh sichtbar war, hatte die Getreidefelder abgelöst, Laubholz wurde selten.

Stellenweise sind die Wege durch das Herabrollen der weiter oben geschlagenen Baumstämme arg verdorben und von Wasserläufen während starker Regengüsse zerrissen, wodurch das Vorwärtskommen sehr erschwert wird. Die Felder werden seltener, die langstacheligen Stangen des Orgelkaktus dagegen immer häufiger. An den beiden Hügeln Tetepetongo und Tusantepec, wo sich in alter Zeit Gräber und Opferaltäre der Azteken befanden und in deren Umgebung der Archäologe Charney im Jahre 1888 wertvolle Ausgrabungen veranstaltete, kommen wir nun in einen dichten Wald mit prächtigen, hochaufstrebenden Fichten, dessen Feierlichkeit und Ruhe nur von unsern eigenen Stimmen unterbrochen wird. Es ist die Stelle, wo der Weg nach Puebla abzweigt, ein Ort von historischer Bedeutung, denn nach dem Siege von Puebla drang Cortez von hier aus nach Tenochtitlan vor und erblickte mit seinem kleinen Kriegshäuflein das erstemal das herrliche Tal von

Anahuac mit den Wunderbauten der Metropole in nächster Nähe. Jetzt liegt da vor uns eine moderne Weltstadt, und wie stattlich sie sich von hier aus auch ausnimmt, so erinnert sie doch in nichts an jene große Zeit des stolzen Aztekenreiches; ihre Straßen und Häuser gleichen vielmehr denjenigen von Alexandrien und dem europäischen Stadtteil von Kairo. Wer Ägypten bereiste und dort neben den erstandenen Städten der Jetztzeit doch noch die gewaltigen Zeugen einer uralten Kultur bewundern konnte, die auch in allernächster Nähe der neuen Bauwerke nicht ganz verschwunden sind, den wird es mit tiefer Wehmut erfüllen, von alledem, was er über die Glanzperiode des alten Mexiko gelesen hat, in der Hauptstadt rein nichts mehr vorzufinden. Er wird vergeblich nach den Überresten der großen Tempel, Götzenstatuen, Opfersteinen suchen, die sich in seiner Phantasie durch die Beschreibungen zu greifbarer Gestalt entfaltet haben. Selbst wenn er die Ruinenstätten von Palenque, Uxmal oder Mitla aufgesucht hat, kann er sich einer gewissen Enttäuschung nicht erwehren, da aus der ereignisreichen und großen Zeit so schmerzlich wenig erhalten geblieben ist, daß das Erhaltene einen Vergleich mit den Wunderbauten zu Karnak und Theben nicht auszuhalten vermag. Hier sind es auch nicht die Jahrtausende allein gewesen, die das Werk der Zerstörung beschleunigten, die Conquistadores haben es in ihrem Vernichtungsdrange vollbracht, daß wir dort vor uns ein jeder Tradition bares Mexiko liegen sehen, das noch vor 400 Jahren mit der Pracht und Eigenart Venedigs wetteifern konnte. Wo ist der Kaiserpalast, der Tempel, wo sind die Pyramiden geblieben? Die wenigen im Museum aufbewahrten Steine geben die erschütternde Antwort auf diese Frage: „zertrümmert, zerschlagen, begraben ist alle die einstige Größe der reichen Stadt des großen Reiches."

Wir befanden uns nun bereits nahe an 4000 m über

dem Meeresspiegel, und die Waldung begann sich nach und nach zu lichten, die Bäume wurden spärlicher, hie und da kamen ganz kahle Stellen, Moos und Büschel harten Grases bedeckten den Boden. Jetzt hätten wir wohl einen freien Blick auf den Schneekegel des Popocatepetl genießen sollen, doch vergeblich suchten wir denselben. Das ehrwürdige Haupt war leider nicht zu sehen, denn dichtes Gewölk hatte sich davor angesammelt, das gewitterschwer tief herabhing, dagegen war der Blick weit über die Fläche des Tales hinaus außerordentlich umfassend und klar. Nur ganz in der Ferne verschwomm das Bild in aufsteigenden Wolkenmassen, die das baldige Herannahen eines Unwetters ankündigten. Der zu erwartende Umschlag der Witterung ließ uns jedoch ruhig, da wir ja nun nicht mehr weit von dem Rancho von Tlamacas entfernt sein konnten. Der Weg gestaltete sich jetzt recht schlecht, und unsere Pferde hatten große Mühe, auf dem holperigen Boden vorwärts zu kommen. Die Temperatur war auffallend kalt geworden, das Thermometer war auf 8° C gefallen, ein ungewöhnlicher Wärmegrad in der Gegend zwischen 19 und 20° nördl. Breite. Gegen 2 Uhr erreichten wir unser Nachtquartier, einige elende Holzhütten, die den Volcaneros vom Popocatepetl als Unterschlupf dienen. Der ganze Berg ist im Besitze der Familie Ochoa, das Eigentumsrecht erstreckt sich allerdings nur bis zur Vegetationsgrenze, aber dieser Teil des Berges ist ein kostbarer. Im Krater befinden sich sehr bedeutende Schwefelablagerungen, auf die Humboldt zuerst aufmerksam wurde. Später erhielt der General Gaspar Sanchez Ochoa, Chef des Ingenieurwesens der mexikanischen Armee, Kenntnis von den hier oben liegenden Reichtümern und erwarb die Konzession zur Ausbeutung der Schwefelminen, die sicherlich die höchsten der ganzen Welt sein dürften. Der letzte Ausbruch des Vulkans erfolgte Ende des 18. Jahrhunderts. Außer der Unterkunftshütte, durch die

22. Tempel zu Mitla.

der Wind von allen Seiten her pfeift, befinden sich noch einige mangelhafte Baulichkeiten in dieser trostlosen, von schwarzem Sand bedeckten Gegend, u. a. auch ein Reduktionsofen für den Schwefel. Man glaubt in die unwirtlichen Hochgebirge Colorados versetzt zu sein, die, um 20 Breitengrade nördlicher gelegen, kaum so unwirtlich sind, wie dieser Berg. Es ist nötig, sich ins Gedächtnis zu rufen, daß man sich in dem Rancho schon in der ungefähren Höhe der höchsten Schweizerberge befindet, um die Erklärung für die starre, vegetationslose Umgebung unter den Tropen zu finden. Diese Verhältnisse berücksichtigend, befreundet man sich auch mit der recht erbärmlichen Unterkunft, die mit der in den komfortablen Klubhütten der europäischen Alpen freilich nicht verglichen werden darf. Wenn man müde von dem langen und unbequemen Ritt hier oben anlangt und jede Minute ein schweres Unwetter loszubrechen droht, da ist man herzlich froh, eine rauchige, unreinliche Hütte vorzufinden, in der die Glieder einmal wieder ausgestreckt werden können und wo der Regen nicht durchdringen kann.

Die anwesende Gesellschaft der Volcaneros war zwar gerade keine angenehme; die finster dreinblickenden, schmutzigen Gesellen machten den Eindruck, als wären sie jeden Augenblick bereit zu einem Raubanfall, doch schienen sie in Wahrheit ganz harmlose Burschen zu sein, welche die harte Arbeit in dieser unwirtlichen Gegend niedergedrückt hatte. Wir trugen vor allen Dingen Sorge, unserm innern Menschen durch Speise und Trank wieder etwas aufzuhelfen, denn gehöriger Appetit war vorhanden und genügend Proviant den Pferden aufgepackt worden. Die Peones hatten unter unserer Anleitung denn auch bald ein leckeres Mahl bereitet, das im Verein mit einem guten Trunk uns trotz des beißenden Rauches, der sich von der Feuerstelle aus über den ganzen Raum verbreitete, da eine

Abzugsstelle nicht vorgesehen war, trefflich mundete. Inzwischen war das bereits erwartete Unwetter losgebrochen, dem wir durch unsern frühen Aufbruch glücklich entgangen waren. Aus den finstern Wolkenmassen zuckten die Blitze ohne Unterbrechung, und der Donner knatterte und rollte in den Felswänden in einer Schrecken erregenden Weise. Die Tropfen prasselten wie große Münzen hernieder, der Regen ergoß sich in solchen Strömen, wie es eben nur in den Tropen vorkommt. Doch ebenso schnell, wie die Sintflut hereingebrochen war, verlief sie sich auch wieder, es war aber sehr kalt geworden, und da sich die Wege in Bäche verwandelt hatten, blieb weiter nichts übrig, als sich in dem übeln Raume so gut wie möglich einzurichten. Der Rest des Tages war dem Schlaf und später dem Poker gewidmet, welches Kartenspiel jeder, der sich eine Zeitlang in Amerika aufhält, lernen muß. Allerdings hatten wir schließlich auf das wärmende Feuer zu verzichten, da es so viel Rauch verbreitete, daß wir ab und zu die Eingangstür weit öffnen mußten, um Augen und Lungen zu erfrischen, auf diese Weise wählten wir von zwei Übeln das kleinste und froren lieber.

Es war 4 Uhr früh, als unser Führer am nächsten Morgen zum Aufbruch mahnte, und mit steifen Gliedern begannen wir uns aus unsern vielen Decken herauszuwickeln, doch wir hatten trotz des ungewohnten, harten Lagers gut geschlafen. Dunkelrot beleuchtete das wieder angefachte Feuer die ganze Hütte, in der die wilden Gestalten der Volcaneros sich jetzt, in formlose Haufen zusammengerollt, sehr harmlos ausnahmen. Nach einem hastig eingenommenen, kräftigen Frühstück saßen wir wieder im Sattel, denn wir konnten noch immer eine gute Strecke zu Pferde zurücklegen. Es galt nun heute, die Spitze des Vulkans zu erreichen, die vom Rancho aus noch um 1700 m höher liegt. Die Temperatur war so früh am Morgen nichts weniger als tropisch zu nennen, denn es hatte sich über Nacht ein wenig Eis gebildet. Anfangs führte der Pfad noch durch Wald, aber wir waren noch keine halbe Stunde geritten, als die Baumregion auf einmal wie abgeschnitten ihr Ende erreicht hatte. Bis zu den Felsen La Cruz hat man von dem Rancho aus noch gute zwei Stunden zu reiten, die uns, wenn wir genötigt gewesen wären zu laufen, sicherlich so ermüdet haben würden, daß wir nicht bis zum Gipfel gelangt wären. Auf losem harten Sande ging es weiter aufwärts; der Weg war für die armen Pferde, die bei jedem Schritte einsanken, eine Qual, aber trotz allem Mitgefühls mit den schnaufenden, in der dünnen Luft mit starker Atemnot ringenden Tieren, brachten wir es nicht über uns, abzusteigen, wußten wir doch, daß wir selbst alle Energie würden aufbieten müssen, um den Krater zu erreichen. So gönnten wir wenigstens den Pferden die Wohltat wiederholter längerer Ruhepausen, denn wir fühlten uns selbst recht elend dabei, die Tierquälerei mit ansehen zu müssen.

Langsam ging es, mitunter über Flächen frisch gefallenen Schnees, aufwärts, bis endlich die schwarzen Felsen von La Cruz vor uns lagen. Hier ist die Grenze des ewigen Schnees, wenngleich noch einige Flächen schwarzer Asche hier und da von demselben frei sind, so schmilzt er doch in dieser Höhe nicht mehr ganz weg. Die verhärteten Lavaströme, Ablagerungen der früheren Ausbrüche des Vulkans, nehmen hier ihren Anfang, und einer derselben, aus den Aschefeldern hoch aufragend, senkt sich tief hinab ins Tal in der Richtung auf Puebla. Dem Andenken zahlreicher verunglückter Volcaneros ist auf der höchsten Stelle dieses Grates ein Kreuz gestiftet worden; die schwere Arbeit der Schwefelgewinnung im Krater ist zugleich beim Auf- und Abstieg mit nicht unbedeutenden Gefahren verbunden. Vom Unwetter überrascht hat sich schon mancher hier oben verirrt und ist abgestürzt, wenn er im Nebel einen unvorsichtigen Schritt tat oder auf der glatten Eisfläche ausglitt. Immerhin kann der Popocatepetl direkt als ein gefährlich zu besteigender Berg nicht bezeichnet werden, denn derartige Vorkommnisse bilden Gefahren fast jeder Hochtour; wirklich gefahrvolle Partien sind nicht zu überwinden, doch ist die Tour infolge der Länge beschwerlich, und wenn auch der Aufstieg bis zur Schneegrenze im Sattel zurückgelegt werden kann, so bleibt von dieser aus bis zum höchsten Gipfel doch noch immer ein tüchtiges Stück harter Arbeit übrig. Besonders ermüdend wirkt die Strecke von 14000 Fuß Höhe aufwärts, da hier starke Anforderungen an die Lungen gestellt werden; dieser Teil der Tour hat daher für jeden Bergsteiger mehr oder weniger Beschwerden im Gefolge.

Die Pferde waren uns nun glücklich los, und mit gesenktem Kopfe traten sie den Rückweg nach Tlamacas an, wo sie auf uns warten sollten; wir aber machten uns bereit, unser Ziel zu erreichen. Der Ixtaccihuatl lag nun bereits unter uns, seine schöne Form macht, von hier aus gesehen, einen gewaltigen Eindruck. Mit Schneebrillen bewaffnet wandten wir uns den weit ausgedehnten Firnfeldern zu, auf denen wir gut vorwärts kamen, da sie gefroren waren, doch kreuzten dieselben vorläufig noch Felder vulkanischer Asche, die wir, bis an die Knöchel einsinkend, nur mit großer Mühe zu überschreiten vermochten. Doch nach etwa $^3/_4$stündigem Steigen hörten diese auf, und stellenweise zeigte sich bereits Eis, das durch Spalten arg zerrissen war, bei 14500 Fuß aber hörten die Schneefelder ganz auf, und der Gletscher nahm seinen Anfang. Die Besteigung gestaltete sich auf dem scharfkantigen Eise sehr beschwerlich, doch ging es immerhin noch eine Zeitlang ziemlich erträglich vorwärts, wir waren aber trotz gut mit Nägeln versehener Schuhe nicht imstande, häufiges Ausgleiten zu vermeiden, was hier leicht verderbenbringend

23. Tempel zu Mitla, der Mosaiksaal.

werden konnte, da man im Falle des Abrutschens wohl schwerlich irgendwo wieder einen Halt hätte finden können, vielmehr erst einige tausend Fuß tiefer gelandet wäre. Es ist beim Bergsteigen eine bekannte Erscheinung, daß, je näher man einem Gipfel kommt, derselbe sich umsomehr emporreckt, aber noch niemals ist mir auf meinen zahlreichen Hochtouren die letzte Strecke so ungeheuer lang vorgekommen, wie in diesem Falle; ob die so ungemein dünne Luft zu der Täuschung etwas beitrug, vermag ich nicht zu sagen, die Flächen, die nur wenige Minuten an Ausdehnung zu haben schienen, dehnten sich ins Endlose.

Die ersten Atmungsbeschwerden stellten sich bei mir erst in der Höhe von 15500 Fuß ein; ich war von jetzt ab gezwungen, viel öfter als vorher auszuruhen. Bei keiner Hochtour in den Schweizeralpen hatte ich früher diese Unannehmlichkeit empfunden, aber freilich waren wir ja nun in einer Höhe angelangt, welche die Berge Europas nicht erreichen. Der sehr steile Aufstieg, das glatte, bandförmige, dem Gipfel zustrebende Eis und die dünne Luft gestalteten sich zu so bedenklichen Schwierigkeiten, daß leider einer unserer Kameraden genötigt war, zurückzubleiben. Wir übrigen haben die noch zu erklimmenden paar tausend Fuß mühselig überwunden, doch ich glaube nicht fehlzugehen, wenn ich annehme, daß auch mein anderer Kamerad gleich mir den Wunsch hegte, umzukehren, aber der Stolz ließ es natürlich nicht zu. Wenn man so nahe am Ziele ist, den Gipfel eines so berühmten Berges zu erreichen, da gibt man das Unternehmen nicht auf, und wenn man halb tot oben anlangen würde; nur die zwingendsten Umstände hätten uns veranlassen können, uns zu ergeben. So schleppten wir uns denn, immer öftere und längere Ruhepausen machend, langsam vorwärts; wir waren nachgerade in ein Stadium geraten, das an vollständige Apathie grenzte. Die Atemnot zeigte sich in der Weise, daß die Respiration mitunter ganz aussetzte und wir dann zeitweise unfähig waren, ein genügendes Quantum Luft in die Lungen aufzunehmen. Als wir endlich nach 1 Uhr mittags den Krater, der den Gipfel des Berges bildet, in 5452 m Höhe erreicht hatten, fühlten wir uns so erschöpft, daß uns zunächst alle die Herrlichkeiten, die nun da vor uns ausgebreitet waren, ganz gleichgültig ließen. Lange allerdings dauerte dieser klägliche Zustand nicht, wir erholten uns einigermaßen durch etwas Portwein, auch taten Kokablätter, die uns der Führer zum Kauen gab, gute Dienste. Sobald die erschlafften Lebensgeister wieder etwas aufgefrischt waren, begannen wir Interesse an der Umgebung zu nehmen. Mein Reisegefährte, der erst völlig gebrochen am Boden hockte, hob langsam seinen matten Blick und starrte in sprachloser Verwunderung in die Ferne, bis er endlich in heller Begeisterung seiner Freude darüber Ausdruck verlieh, nicht zurückgeblieben zu sein; und wahrlich, der Blick von der kolossalen Höhe herab lohnte die aufgewandten Strapazen in hohem Grade. Der auf uns gelastete Druck war gewichen, nur ein Zittern der Glieder war zurückgeblieben, das uns auch, solange wir hier oben blieben, nicht ganz verließ.

Die Aussicht war eine seltsame, vielleicht reizvoller, als wenn die Luft recht klar gewesen wäre, die in photographischer Klarheit strahlenden Fernsichten sind zumeist nicht gerade malerische. Die weite Ebene war von einem dichten Staubnebel bedeckt, der sich hier und da nur wenig lichtete und Teile der Hauptstadt erkennen ließ. Die Erscheinung war der „Nebelmeer"-Bildung in den Schweizerbergen sehr ähnlich. Wie so oft auf der mexikanischen Ebene, hatte ein ziemlich starker Wind den Staub hoch in die Luft emporgewirbelt; dieser Staub ist während des Frühjahrs oft so dicht und anhaltend, daß die Berge wochenlang gar nicht zu sehen sind. Aber was sich da über den Nebel hinaus hoch empor gen Himmel erhob, das war von überwältigender

Schönheit und Majestät. Da baute sich in nächster Nähe der 5286 m hohe Ixtaccihuatl (weiße Frau) in all seiner blendenden Schönheit auf, die ganze Gegend beherrschend; weiter zurück ragte die mächtige Pyramide des Pico de Orizaba, des höchsten Berges in Mexiko (5550 m) aus der Ebene auf. Mehr in der Ferne stehen hoch erhobenen Hauptes der Malinche (4461 m) und Xinantecatl (4500 m), mit Schnee und Eis bedeckt, unvermittelt aus dem Hochplateau herauswachsend. Der Dunst in der Tiefe, der dunkle untere Teil der Berge, die blendend weißen Firnflächen der Gipfel und der sich darüber ausbreitende tief dunkelblaue Himmel, all dies zusammen gewährte den Eindruck, als seien diese gewaltigen Vulkane kleine Inseln, die aus einem unermeßlich großen Meere aufragten.

Von großer Schönheit war der dicht vor uns sich öffnende, mehrere Kilometer an Umfang messende Krater des Popocatepetl. Die Wandungen fielen überall etwa 300 m fast senkrecht in die gefährliche Tiefe ab; an manchen Stellen traten, in allen möglichen Schattierungen leuchtend, die schönen Färbungen der Basaltwände hervor, und an allen Spalten und Ritzen des Feuerschlundes hatte sich hellgelber Schwefel in großen Massen abgelagert. Oft stieg Rauch aus der Tiefe auf, der, von Schwefeldampf geschwängert, die Respiration erschwerte. Der ganze Schlund von etwa 1 km Durchmesser, umgeben von ungleichmäßigen Erhöhungen, ist durchzogen von hunderten kleiner Solfataras, die wie eine Art Sicherheitsventile des Erdinnern in fortwährender Abwechslung bald hier, bald dort den Schwefeldunst ausatmen, der sich zu einer Wolke hoch über dem Krater zusammenballt. Man braucht wenig Phantasie dazu, um sich vorzustellen, man befände sich am Eingang zur Hölle, das Zischen und Fauchen der ruckweise entweichenden Dämpfe macht einen so ungeheuerlichen Eindruck, daß auch der Mutigste sich eines Gefühls der Furcht nicht wird erwehren können, wenn er, auf schmalem Rande stehend, in den Hexenkessel hinabblickt, in dem es niemals zur Ruhe kommt. Der unheimliche Riese, in dessen weit geöffneten Rachen wir hier schauen, schläft nur, er ist nicht tot, in seiner Brust arbeitet es mächtig weiter, und die Sage der Indianer, daß er seine Fesseln einst wieder brechen wird, gewinnt sehr an Wahrscheinlichkeit, wenn man an dem Rande des Kraters stehend die zitternde Unruhe sieht und die grollende Stimme des Ungetüms vernimmt. Das Wiedererwachen scheint jede Minute erfolgen zu können. Rings um den Krater vermag sich nur an wenigen Stellen Eis und Schnee zu halten, mit seinem heißen Atem wehrt sich der Popocatepetl energisch gegen die Vereisung seines Schlundes, doch ist trotzdem an manchen Stellen die steile Wandung mit einer glänzenden Eiskruste überzogen, an der mächtige Eiszapfen bis tief in die Höhlung hinunter hängen. Durch den Dampf und Rauch schimmerte uns ein kleiner smaragdgrüner See entgegen, aus dem es ununterbrochen emporbrodelte und dampfte. Die Ufer waren an mehreren Stellen mit Schwefelablagerungen eingefaßt, deren leuchtendes Gelb einen wundervollen Gegensatz zu dem intensiven Grün des milchigen Wassers bildete. Auf der Westseite steigt die Kraterwand noch um ein Beträchtliches höher empor, es ist dies die höchste Stelle des Berges, der Pico mayor, der als unbesteiglich gilt, während die tiefer liegende Seite, die gewöhnlich das Ziel der Besteigung bildet, Espinazo del Diablo, das Rückgrat des Teufels genannt wird. Man fragt sich beim Anblick dieser grauenvollen Umgebung unwillkürlich, wie es möglich ist, daß Menschen an so unwirtlicher und gesundheitsschädlicher Stelle arbeiten können, und zwar bei einer das ganze Jahr hindurch anhaltenden Temperatur, die sich immer nur um den Gefrierpunkt herum, meistens aber unter demselben bewegt. Und doch sind hier Menschen schon seit länger als 30 Jahren mit der Schwefelgewinnung

24. Die Minenstadt Guanajuato.

beschäftigt, aber kein einziger von ihnen hat ein langes Leben. Die Arbeiter, Indianer, werden zwar gut bezahlt, doch sie selbst bezahlen den Verdienst mit ihrem Leben. Die Schwefelausdünstungen richten ihre Lungen binnen kurzer Zeit zugrunde, auch die Zähne fallen den Leuten, wenn sie längere Zeit hier oben arbeiten, aus; die Einwirkung auf den ganzen Organismus des Menschen ist so verderblich, daß die Arbeiter nach einer Woche nach Tlamacas hinunter gehen müssen, um sich einigermaßen wieder zu erholen. Auf diese Weise geht es eine Zeitlang weiter, bis die Körperkraft vollständig untergraben ist. Es werden Vermögen im Laufe des Jahres aus dem Krater herausgeholt, aber ein besonderer Charakter gehört dazu, dasselbe Menschen zu verdanken, die durch die Einatmung der giftigen Dämpfe elend hinsiechen und sterben.

Fast zwei Stunden hielten wir uns auf dem Gipfel des Berges auf, es wurde uns ungemein schwer, uns von all dem Fremdartigen zu trennen, um so mehr als wir ja wußten, daß wir an diesen Ort nie im Leben wieder zurückkommen würden. Doch die Zeit rückte vorwärts; und wenn wir noch am gleichen Tage nach Amecameca gelangen wollten, hatten wir keine Minute mehr zu verlieren. Der Abstieg ging allerdings außerordentlich schnell von statten, denn der größte Teil des so mühsam erstiegenen Weges wurde mit Schnellzuggeschwindigkeit, auf einer Bastmatte sitzend, zurückgelegt. Unser Führer hatte sich schon lange auf das Vergnügen dieser Rutschpartie gefreut, doch wir selbst konnten dieselbe kaum ein solches nennen, denn diese Art zu reisen hatte zuviel Grausenerregendes an sich, wenn wir zufällig ganz dicht an einem Felsblock vorbeisausten. Doch der vor mir sitzende kühne Lenker leitete die unheimliche Fahrt mit seinen Beinen fabelhaft geschickt, und wohlbehalten fuhren wir in wenigen Minuten auf dem Sandboden unterhalb der Schneegrenze fest. Über und über von dem aufgewirbelten Schnee bedeckt, machten wir uns nach dem noch zwei Stunden entfernten Rancho auf. Wir hatten das Vergnügen, unseren zurückgelassenen Freund hier wohl und munter wiederzusehen, waren aber so müde, daß wir auf die Weiterreise bis nach Amecameca verzichteten; der Rancho erschien uns heute als ein viel angenehmerer Aufenthalt als gestern. Wir kamen von einem weit weniger gastlichen Orte und hatten unsere Ansprüche bedeutend reduziert.

Über das Gebirge nach Cuernavaca.

Mit der Besteigung des Popocatepetl haben unsere Ausflüge in die nächste Umgebung der Hauptstadt ihr Ende erreicht, und wir beginnen nunmehr mit der Beschreibung derjenigen Exkursionen, die eine mehrtägige Abwesenheit von der Hauptstadt bedingen. Da kommt zunächst als wichtigster und zugleich dem Reisenden unerwartete Genüsse an landschaftlicher Schönheit bietender Ausflug die Fahrt nach Cuernavaca in Betracht, die wohl wenige Fremde unterlassen werden. Es ist eine wunderbare Reise, es häufen sich in dem kurzen Zeitraum nur weniger Stunden so reizvolle Landschaftsbilder aus ganz verschiedenen Zonen, wie es eben nur im Lande Mexiko möglich ist.

Wenn wir die Hauptstadt, in der ewiger Frühling herrscht, in der Höhe von 2265 m verlassen, führt uns die Ferrocaril del Pacifico während der Reise von knapp fünf Stunden bis hoch hinauf in die Einöde des Hochgebirges und wieder tief hinab in die Tierra caliente nach Cuernavaca, das um beinahe 1700 m niedriger liegt als der höchste Punkt der großartigen Eisenbahnanlage. Schon aus diesem Umstande vermag der Leser leicht den Schluß zu ziehen, daß die an dem Auge des Reisenden vorbeieilenden Szenerien außergewöhnlich vielgestaltig und abwechslungsreich sein müssen.

Bei Contreras, wo die Bahn zu steigen beginnt, entfaltet sich ein ungemein liebliches Bild; die kleine Ortschaft baut sich an den Abhängen reizend auf, sie ist auf allen Seiten umrahmt von üppig grünender Vegetation, während den Hintergrund Höhenzüge in anmutig sanften Linien begrenzen.

Die gewaltige Lokomotive arbeitet sich trotz der schweren Last der vielen Waggons in scharfem Tempo aufwärts bis zur Höhe von 3300 m, erreicht hier die Station La Cima und überschreitet daselbst auf einer langen Strecke Lavagesteins den Rücken eines ausgebrannten Vulkans. Diese Lavatrümmerfelder sind fast jeglicher Vegetation bar, die große Fläche ist ein Bild der Traurigkeit und Verlassenheit. In mäßiger Neigung abwärts fahrend gelangen wir dann bald nach Tres Marias, das noch immer in etwas unwirtlicher Gegend liegt, wo uns aber in einem recht netten, von Chinesen geführten Restaurant willkommene Erfrischung geboten wird. Nach weiteren 40 Minuten sind wir aus der wilden Umgebung heraus, ausgedehnte Laubholzwaldungen erstrecken sich nach allen Seiten hin, soweit das Auge reicht, und nun gelangen wir zu dem Glanzpunkt der ganzen Fahrt. Der Blick wird plötzlich frei, das weite Tal von Anahuac breitet sich in seiner ganzen Ausdehnung vor uns aus. Die niedrigeren Berge liegen wie Maulwurfshügel unten in der Tiefe, die Ortschaften gleichen dem aufgebauten Inhalt einer Spielschachtel. Was den Beschauer aber besonders fesselt, das sind die sich in den Vordergrund hineinschiebenden, hohen, vielgestaltigen und scharfzackigen Gebirgsmassen. Wild in der Form, heben sich diese Berge mit dem dunkeln Gestein von dem tiefblauen Himmel sehr wirkungsvoll ab; wie Kulissen hintereinander gestellt, tönen sich diese Felsen in den feinsten Schattierungen gegen den Hintergrund zu ab. Die am weitesten vorgeschobenen Massen leuchten in lebhafter Kupferfarbe, die etwas weiter zurückliegenden erscheinen in kräftigem Violett, und die dahinter aufragenden

Zacken gehen in zartes Blaßblau über, während schließlich die herrliche Fernsicht mit Höhenzügen abschließt, die von einem schattenhaften Grau umfangen sind. Die großen Flächen des Tales aber bedecken dunkelgrüne Waldungen und gelbe Getreidefelder in reizvollem Wechsel, so einen bunt gewürfelten Riesenteppich bildend. In weiter Ferne schwimmen die Farben allmählich zusammen, bis endlich Ebene, Berge und Himmel ineinander fließen zu einer einzigen fahlfarbigen Masse.

In tollen Kurven geht es nun beständig talwärts, und während der hinabeilende Zug die kurzen Bogen und Kreise der Bahnlinie beschreibt, verschieben sich die gegenüberliegenden wildphantastischen Bergketten unaufhörlich durcheinander, so daß man den Eindruck erhält, mehrere Wandeldekorationen würden in verschiedenen Richtungen vorübergezogen.

Bei der Station La Parque brachten uns jammervoll gekleidete Indianersquaws mit ihren Kindern wundervolle Orchideen an den Wagen, von denen in dieser Gegend viele Bäume zugrunde gerichtet werden; mit ihren herrlichen Blüten decken sie den sterbenden Baum und entfalten ihre außerordentliche Pracht auf Kosten des Opfers, in das sie ihre Wurzeln gesenkt haben. Es ist nicht immer eine leichte Mühe, die Pflanzen herabzuholen, doch betrug der geforderte Preis trotzdem nur wenige Centavos. Nichtsdestoweniger konnten es manche der Passagiere nicht unterlassen, mit diesen Ärmsten der Armen um ihre kleinen Schätze zu feilschen. Wenn doch ein jeder daran denken wollte, daß für ihn eine derartige geringe Ausgabe ein Nichts ist, während diese armen Kinder der Natur, die nicht ein einziges ganzes Hemd ihr eigen nennen, durch die gespendeten wenigen Münzen in Glück und Freude versetzt werden. Einer nur in Lumpen gehüllten Frau, die uns einige der herrlichen Blütenzweige verkaufte, verabreichten wir eine Entschädigung nach unserem Gutdünken, woraufhin das arme

Weib fortlief und alsbald mit noch anderen Blumen zurückkam, die sie uns einhändigte, ohne Bezahlung dafür haben zu wollen. Daraus konnte man entnehmen, daß diese Leute regelmäßig schlecht für ihre Mühe bezahlt werden und zwar von Reisenden, die die Taschen ordentlich voll Geld haben. Hier ist Sparsamkeit wirklich nicht am Platze.

Beim Weiterfahren nahm die Temperatur, je tiefer wir kamen, bedeutend zu, und als wir gegen Mittag in Cuernavaca einfuhren, war die Hitze recht lästig. Die schön gegelegene Stadt ist auch von historischer Bedeutung. Der Eroberer Cortez weilte hier längere Zeit vor seinem zweiten Angriff auf die Hauptstadt und erbaute daselbst für sich den Palast an der Plaza, der jetzt als Stadthaus dient. Auch der unglückliche Kaiser Maximilian hatte Cuernavaca in der letzten Zeit seines Lebens zu seinem Lieblingsaufenthalt erwählt. Der Jardin de la Borta war es, wo er in stiller Einsamkeit so gern weilte, und man muß diese in Schwermut gekleidete Parkanlage gesehen haben, die dem Erbauer José de la Borta, dessen in den Minen gewonnenes Vermögen 40—50 Millionen Dollars betragen haben soll, über eine Million gekostet hat, um die Vorliebe des Kaisers für diesen idyllischen Ort begreifen zu können. Auf den Charakter Maximilians wirft dies ein besonderes Licht; wer gern in so friedvoller Natur seinen Gedanken nachhängt, sich der Einwirkung so weihevoller Umgebung gern überläßt, ist nicht zum Despoten geboren. Wenn sich trotzdem in der Regierung des Kaisers Akte vorfinden, die rücksichtslos erscheinen und die die Grundlage zu seinem Unglück mit bildeten, so liegt darin nur die Bestätigung, daß der bedauernswerte Monarch schlechte Ratgeber zur Seite hatte, denen er ein zu offenes Ohr lieh.

Eine überreiche Flora verleiht der Landschaft rings um Cuernavaca etwas ungemein Liebliches, und die freundlichen, reinlichen Straßen laden förmlich zum Spazierengehen ein.

Der Name der Stadt ist von den Spaniern korrumpiert worden, aus Cuauhnahuac „Nähe der Bäume" ist Cuernavaca„ Kuhhorn" entstanden; der erstere Name war sicherlich bezeichnender, denn die ganze Stadt gleicht einem großen Garten. Eine selten reiche Auswahl an tropischen und subtropischen Früchten gedeihen hier in vorzüglicher Qualität und zieren alltäglich die Tafel; saftige Mangoes, süße Bananen und herrlich aromatische Erdbeeren sind das ganze Jahr hindurch zu haben.

Ein recht lohnender Ausflug ist der nach der Barranca San Antonio, der uns zunächst an der alten Kathedrale vorüberführt, die von mehreren anderen Kirchen mit festungsartigen Wällen umgeben ist. Weiterhin gelangt man durch eine malerische Schlucht nach dem Dorfe San Antonio, das sich durch die daselbst von den Indios hergestellten eigenartigen Töpfereiwaren einigen Ruf erworben hat. Die Gefäße sind meist von rotbrauner Färbung und mit weißen Porzellanmosaiken verziert; es befinden sich recht hübsche Arbeiten darunter, und sie bilden einen auch von den Fremden gern gekauften Artikel. Am anderen Ende des Dorfes ist die Barranca, deren man jedoch erst dann ansichtig wird, wenn man direkt davorsteht. Ein guter Pfad führt hinab in die enge, tief eingerissene Schlucht, durch die sich ein besonders während der Regenzeit wilder Fluß zwängt, der von einer hohen Felswand, die einen förmlichen Zirkus bildet, als schöner Wasserfall herabrauscht.

Auf einem Reitwege kann man von Cuernavaca aus nach den hochinteressanten, 30 km entfernten Tempelruinen von Xochicalco gelangen; zu der Zeit als Cortez die Stadt des Tahuicas vernichtete, hat der Tempel jedenfalls noch gestanden. Der Bau ist noch in seinem ganzen Umfange zu erkennen und kunstvoll skulpierte Steine des Mauerwerks lassen auf die frühere Schönheit des Tempels schließen*.

---

* Abbildung Seite 1.

Von Mexico City nach Guadalajara.

Um nach Guadalajara, der Hauptstadt des Staates Jalisco, zu gelangen, benutzen wir die Mexican-Central-Railway, deren ungeheures Gebiet wir auf unseren Touren noch öfter betreten werden. Wir wählen den am Abend abgehenden Zug mit Pullman-Palace und Sleeping-Cars für die 18stündige Eisenbahnfahrt von 613 km Länge. Die Reise ist zur Regenzeit nicht ohne landschaftlichen Reiz, wir fahren dann an unermeßlichen Strecken grünender Getreidefelder und reich bewachsener Hügelketten vorüber. Immerhin ist die Fahrt nicht von so hohem Interesse, daß wir nicht einen Teil derselben schlafend verbringen dürften, um so mehr, als wir den Teil des Weges bis Queretaro schon mit der National R. R. kennen gelernt haben.

Manchen Touristen, die das erstemal nach Amerika kommen und daselbst in einem Pullman-Schlafwagen reisen, hat es den Eindruck gemacht, als sei die Schlafeinrichtung in den europäischen Wagen angenehmer und bequemer, doch man sieht den Irrtum bald ein. Am meisten herrscht die Meinung, es sei peinlich, sich in einem Wagen ohne besondere Abteilungen gemeinschaftlich mit vielen anderen Personen schlafen zu legen, daß dies besonders Damen unangenehm berühren müsse. Die Sache sieht sich aber anders an, wenn abends die Schlafeinrichtungen fertig sind; rechts und links vom Durchgang sind Abteilungen durch eingeschobene Zwischenwände entstanden, während die einzelnen Räume vorn durch Gardinen abgesondert worden sind. Es ist jedermann möglich, sich unbeobachtet zu entkleiden. In dem Umstande aber, daß wir uns, wenngleich getrennt, mit vielen anderen zusammen in einem großen Raume befinden, liegt eine Gewähr der persönlichen Sicherheit, denn ein Hilferuf würde sofort alle Anwesenden alarmieren. Was auf den ersten Blick als ein Nachteil erscheinen könnte, ist eine sehr weise Vorkehrung. Die Wasch- und Toilettenräume sind so angelegt, daß man sich frei darin bewegen kann, die Reinlichkeit läßt nichts zu wünschen übrig, und die Bedienung ist eine mustergültige; jeder Pullman-Car macht den Eindruck, als wäre er soeben erst neu eingestellt worden.

Beim Erwachen befanden wir uns schon auf der von Irapuato abzweigenden Linie nach Guadalajara; die ganze Gegend erglänzte infolge der am vorhergehenden Abend niedergegangenen Regenschauer im frischesten Grün und machte im hellen Sonnenschein des schönen Morgens einen sonntäglichen Eindruck. Die Regenzeit, die in Mexiko gewöhnlich im Juni beginnt, ist entschieden zum Reisen die angenehmste; der Regen fällt dann regelmäßig während einiger Stunden des Nachmittags, die Natur erfrischend und die Vegetation außerordentlich befördernd. Es wächst, blüht und prangt dann alles ringsumher in unbeschreiblicher Üppigkeit. Hier sieht der Landmann dem Ergebnis der Ernte nicht mit Zittern und Zagen entgegen, der Ackerbau steht in hoher Blüte, unermeßliche Getreidefelder dehnen sich aus, soweit das Auge reicht.

Bei Piedad überschreiten wir zum ersten Male den Rio Lerma, einen der längsten Flüsse der Republik, den wir bei La Barca wiederholt kreuzen. Der Lerma wendet sich von da an dem Lago de Chapala zu, welcher wundervolle See noch weiter unten Veranlassung zu eingehender Besprechung bieten wird. Später erreichen wir die Station El Castillo, von wo aus wir am besten den schönen Wasserfall des Juanacatlan besuchen können. Eine Zweigbahn bringt uns in etwa 20 Minuten zu dem Bewunderung erregenden Katarakt, der oft der Niagara Mexikos genannt wird. Es ist nicht zu verkennen, daß eine gewisse Ähnlichkeit zwischen den beiden Wasserfällen vorliegt, wenn auch der riesenhafte Niagara einen unvergleichlich gewaltigeren Eindruck macht.

25. Katakomben im Pantheon zu Guanajuata.

Der Juanacatlan gewährt indessen nichtsdestoweniger bei seiner großen Breite und der Fallhöhe von über 30 m ein recht fesselndes Bild. In der Ferne erblicken wir den noch ruhig dahingleitenden Fluß, der, nun der Absturzstelle sich nähernd, eine ganze Kette grünender Inselchen durchbricht, hinter denen die Stromschnellen beginnen und die Wellen lustig der steilen Felswand entgegeneilen. In der ganzen Breite des Flusses stürzen die Wassermassen wildschäumend in die Tiefe, unten angekommen noch auf eine lange Strecke ein ungeheures Chaos von Strudeln bildend. Der Besuch des Juanacatlan ist jedoch nur in der Regenzeit lohnend; da aber in Mexiko Wasserfälle nicht sehr häufig und noch seltener von hervorragender Wirkung sind, so ist der Abstecher nach dem Juanacatlan in passender Zeit zu empfehlen.

Bald nachdem die Station El Castillo passiert ist, fährt der Zug in das 1150 m hoch gelegene Guadalajara ein, und es trägt nicht wenig zur Annehmlichkeit bei, daß der Bahnhof hier unmittelbar im Zentrum der Stadt liegt, von wo aus wir nur wenige Schritte bis zum Hotel zurückzulegen haben.

Guadalajara, im Jahre 1551 gegründet, mit seinen 101208 Einwohnern (1900), ist eine der schönsten Städte Mexikos, seine prächtigen Straßen mit den großstädtischen Bauten, die sorgfältig gepflegten Anlagen auf den zahlreichen freien Plätzen, verbunden mit großer Reinlichkeit, die man auch in den entferntesten Teilen der Stadt antrifft, machen den Aufenthalt zu einem angenehmen. Guadalajara hat elektrische Beleuchtung durch die 30 km entfernten Anlagen am Juanacatlan-Wasserfall des Lerma.

In so weiter Entfernung von der Hauptstadt und mehr als 1000 km vom Golf entfernt, umgeben von weiten Gebieten, in denen nicht eine einzige Großstadt anzutreffen ist, die sich Guadalajara würdig zur Seite stellen könnte, wird es jeden

Fremden überraschen, hier eine Stadt von solcher Ausdehnung und Schönheit vorzufinden. Bevor Guadalajara durch die Eisenbahn mit der Außenwelt verbunden war, hatte es sich bereits vollständig aus sich selbst heraus zur Großstadt entwickelt, ohne daß ihr außergewöhnliche Reichtümer zuflossen, wie dies z. B. in Guanajuata und Zacatecas infolge der ungeheuren Silberlager der allernächsten Umgebung der Fall war. Die aus Europa nach Mexiko strömenden Einwanderer haben sich meist in der Hauptstadt Mexiko und Puebla festgesetzt, und doch finden wir hier eine Stadt vor, die wir in nördlicher Richtung nur von San Francisco und im Süden nur von der Hauptstadt Perus übertroffen sehen.

Die Kaufläden der bedeutendsten Straßen, die um die Plaza herum liegen, erhöhen den Eindruck der Wohlhabenheit, den die ganze Stadt macht, denn sie sind ebenso elegant wie zahlreich. Außer der Plaza mayor besitzt Guadalajara noch eine große Anzahl reizender Plazuelas mit Fontänen und Parkanlagen, die ebenso wie die Promenaden des Abends von der Bevölkerung belebt werden. Im Schatten prächtiger Ulmen führt der Paseo am Fluß entlang nach den Gärten San Francisco und Escobeda, sowie der Calzada Avenue, zu Spaziergängen und Fahrten einladend; ist aber das Wetter ungünstig, so bieten die zahlreichen Arkaden gute Gelegenheit zum Promenieren. Das Klima Guadalajaras ist als ein fast das ganze Jahr über gleichmäßiges und sehr gesundes bekannt; niemals kalt und höchst selten etwas zu warm, kann sich die Stadt eines geradezu idealen Klimas rühmen. Es finden daher Erholungsbedürftige nicht leicht einen geeigneteren Aufenthaltsort in Mexiko.

Die bedeutendsten Straßen führen in gerader Linie vom Bahnhof aus nach den hervorragendsten Bauwerken der Stadt. Die prächtige Kathedrale, deren zwei Turmspitzen infolge eines Erdbebens im Jahre 1818 einstürzten, ist an der Plaza gelegen; in ihr besitzt Guadalajara einen Bau von großer architektonischer Schönheit, außerdem nennt die Kirche aber auch einen Murillo von unschätzbarem Werte, die Himmelfahrt Mariä, ihr eigen, wofür schon ein Angebot von 300000 Mark abgelehnt wurde. Das Innere der Kathedrale macht einen erhebenden Eindruck, da es trotz aller Pracht edel und unaufdringlich dekoriert ist. Außer diesem herrlichen Gotteshause zieren noch 23 andere Kirchen die Stadt, von denen wir die reiche San José und die besonders wegen ihrer schönen Portale sehenswerten San Felipe und San Francisco nicht unerwähnt lassen wollen.

An der Plaza befindet sich das imposante, die ganze östliche Seite einnehmende Gebäude des Palazzo, einen prächtigen Abschluß bildend. Unsere Aufmerksamkeit lenkt nun das am Ende einer Seitenstraße der Plaza liegende, mit weithin sichtbarer schöner Säulenkuppel hoch aufragende Hospicio auf sich, dem wir unsere Schritte zulenken. Hier haben wir eine Musteranstalt ersten Ranges vor uns, ein Heim für Waisen, Greise und Kranke, das sich auch hinsichtlich der Anlage nicht freundlicher und anmutender gestalten ließe. Die durch Korridore verbundenen Patios sind ringsherum mit Säulengängen geziert, von denen aus die Pfleglinge nach zahlreichen Gärten gelangen können, die sich über das ungeheure Areal ausdehnen. Guter Unterricht mit Arbeit, je für die verschiedenen Altersstufen und Geschlechter passend, sowie vorzügliche Pflege vereinigen sich, um diese ausgedehnte Anstalt zu einer musterhaften zu machen. Neben den einfachsten Arbeiten für Bejahrte werden hier auch die kunstvollsten Seidenstickereien von jungen Mädchen verfertigt.

Auch für den öffentlichen Unterricht und die Kunst wird in Guadalajara mehr getan als in den meisten anderen mexikanischen Städten; viele Unterrichtsanstalten für die reifere Jugend und eine Akademie der bildenden Künste, wie auch eine bedeutende Bibliothek zeugen von dem redlichen Streben der Einwohnerschaft im Interesse der höheren Bildung. Ein Gebäude von ungeheurer Ausdehnung ist das Zuchthaus, das wegen seiner Anlage im Radialsystem und sonstiger vorzüglicher Einrichtungen sehenswert ist.

Unter den Theatern ist das Degollado beachtenswert, ein geräumiges Haus mit fünf Galerien. Guadalajara hat natürlich auch seinen Stierkampfplatz, es ist eine mächtige Arena, die auf unserm Bilde (Tafel 17) im Vordergrunde zu sehen ist. Viele Springbrunnen, durch eine 12 km lange Wasserleitung gespeist, verschönen die freundliche Stadt. Eine von hohen Bäumen beschattete Promenade führt nach den vornehmen Sommersitzen der reichen Bürger von Guadalajara, die sich in unmittelbarer Nähe der Stadt befinden. Dieser Vorort, San Pedro genannt, gleicht einem großen Garten in farbenprächtiger Flora, ein Ausflug zu Wagen dahin in den kühlen Abendstunden läßt in jedem ein Bedauern zurück, nicht für immer in dieser reizenden Umgebung weilen zu können.

Ein reges geschäftliches Leben pulsiert in den Straßen der Stadt, und wir sehen daselbst Typen aus dem Volke, die wir anderwärts nicht vorfinden. Der Milchverkäufer trabt hoch zu Roß durch die Straßen, rechts und links vom Sattel sind die Milchkannen aufgehängt; er hat nicht nötig, abzusteigen, wenn er mit den Meßgefäßen klappert, kommen seine Kunden aus den Häusern

und treten zu ihm ans Pferd, er gibt ihnen das Gewünschte und reitet stolz von dannen. Esel, an beiden Seiten breit mit Wassertöpfen behangen, Ochsengespanne mit zweirädedrigen Karren, die auf furchtbar plumpen Rädern mit Holzachsen daherquietschen, ziehen vorüber; Blumenverkäuferinnen und Händler mit herrlichen Früchten schwirren durcheinander, und zwischendurch reitet der reiche Mexikaner mit kostbarem Sattelzeug und lautklirrenden Sporen. Man versäume auch nicht, die Markthallen zu besuchen, hier entfaltet sich das bunteste Leben inmitten so appetiterregender Verkaufswaren, wie man sie nicht überall in Mexiko zu Gesicht bekommt.

Die Barranca de Oblatos bietet Gelegenheit zu einem Ausfluge für einen halben oder ganzen Tag, je nachdem man die Tour ausdehnt. Wer sehr wenig Zeit hat, begnüge sich damit, mit der Dampf-Tramway bis zur Schlucht zu fahren und genieße so wenigstens einen Blick über die festungsartigen Felsmassen, die sich zu beiden Seiten der einige tausend Fuß tiefen Barranca drohend auftürmen. Einen ganzen Tag erfordert die Exkursion, wenn man sie bis zum Rio de Santiago ausdehnt, beziehentlich die Wanderung durch die ganze Schlucht vornimmt, die an Großartigkeit der Szenerie ihresgleichen sucht. Nachdem anfangs der Ritt auf gewundenen Wegen durch eine felsige Einöde führte, sehen wir uns alsbald von einer so üppigen Vegetation umgeben, daß wir im Schatten förmlicher Waldungen von Bananen mit ihren ungeheuren Blättern dahinreiten. Dem Laufe des Flusses folgend, den man mit einer kleinen Fähre übersetzt, blicken wir hinauf nach fast senkrecht aufsteigenden Felsenburgen, die unheimlich gen Himmel ragen. Je tiefer wir in die sich weithin dehnende Schlucht vordringen, desto großartiger gestaltet sich die Natur, wundervolle Ausblicke auf die Berge im Hintergrunde wechseln ab mit schauerlichen, felsigen Einschnitten, die sich der Fluß im Laufe der Jahrtausende gegraben hat. Die Schlucht führt hier den Namen Barranca de Portilla, die man gewöhnlich bis zu der kühn gespannten Gitterbrücke Puente Colgante besucht; die Tour ist etwas anstrengend, aber die aufgewandte Mühe wert.

In Guadalajara ist für gutes Unterkommen reichlich gesorgt. Direkt beim Bahnhof befindet sich das Hotel Cosmopolita, dessen Besitzer das Haus für deutsche und amerikanische Reisende eingerichtet haben. Hotel Garcia ist ein nobles Haus, geeignet für Familien zu längerem Aufenthalt, auch Hotel Frances und Americano werden gelobt.

Bevor wir Guadalajara verließen, besuchten wir den bekannten indianischen Skulpteur Juan Panduro, ein interessanter Künstler aus dem Volke, der, ohne eine Akademie besucht zu haben, eine erstaunliche Fertigkeit in der Herstellung von Statuen und Büsten in sprechender Ähnlichkeit erlangt hat; eine einzige kurze Sitzung genügt dem Künstler für die Modellierung einer Büste, die er dann nach wenigen Tagen zur Ablieferung bringt.

Der Lago de Chapala.

Einen Hauptanziehungspunkt der weiteren Umgebung Guadalajaras bildet der Lago de Chapala. Der See ist einer der größten der Welt, er bedeckt eine Fläche von 3600 qkm, ist also sechsmal so groß wie der Genfer See; er hat eine Länge von mehr denn 150 km, und seine größte Breite liegt zwischen Chapala, Tuzcuca und Tizapan mit 50 km, doch verengert er sich dann gegen Ost und West zu auf etwa die Hälfte. Die Höhenlage des Sees, 1700 m über dem Meere, bringt es mit sich, daß die Temperatur auch in der wärmsten Jahreszeit niemals eine drückende wird. Die bedeutendste Tiefe befindet sich südlich von Chapala, die ziemlich verschieden angegeben wird, sie soll stellenweise 200 m betragen. Den Zufluß erhält der See durch den Rio Lerdo, der von Osten her bei La Barca in den See strömt, jedoch denselben nicht in seiner ganzen Länge, sondern nur auf eine Strecke von 20 km durchfließt. Er tritt bei Ocotlan, das am nördlichen Ufer liegt, wieder heraus und führt alsdann den Namen Rio Grande de Santiago.

Um nach den Ufern des Chapalasees zu gelangen, benutzt man die Eisenbahn bis Atequiza, das man nach einstündiger Fahrt erreicht; dort stehen bei der Ankunft große neunsitzige Kutschen des Hotels Arzapalo für die Fahrt nach Chapala bereit, die den Diligencen Mexikos, deren Merkwürdigkeiten wir schon an anderer Stelle erwähnt haben, aufs Haar gleichen. Wir entsinnen uns einer Warnungstafel in einem abgelegenen Dorfe, die folgende Inschrift trug: „Dieser Weg ist kein Weg, wer es aber dennoch tut, erleidet Buße!“ Eine solche naive Warnung wäre hier recht am Platze, denn ein Weg im landläufigen Begriffe ist die Fahrstraße nach dem idyllischen See leider nicht, wer es aber dennoch wagt, denselben zu befahren, entrichtet der Buße genug während der fröhlichen Fahrt. Mexikanische Landstraßen sind eben nicht Verkehrswege, die unseren verwöhnten Anforderungen entsprechen; von Ebenheit der Fahrstraße ist keine Spur, große und kleine Steine versetzen dem Wagen, der mit acht Maultieren bespannt dahinsaust, ununterbrochen derartige Stöße, daß man, wenn das Vehikel nicht so vorzüglich in Federn ruhte, kaum ganz unbeschädigt am Ziel der Reise anlangen würde. Während der zweistündigen staubreichen Fahrt ist der Reisende ganz sicher, daß er nicht in das Stadium der Ruhe verfällt oder gar einnickt und die Gegend unbeachtet an sich vorbeiziehen ließe; er muß im Gegenteil immer darauf bedacht sein, mit den Händen sich irgendwo anzuklammern, sonst dürfte er es schwerlich fertigbringen, auf seinem Sitzplatz dauernd zu verharren. Ob und wie steil der Weg über die Berge führt, das spielt bei der Anlage des Weges nicht die geringste Rolle, die Schwierigkeiten, die dadurch für ein Fuhrwerk entstehen, zu überwinden, ist Sache der Mulis, und diese kräftigen Tiere überwinden sie auch tatsächlich, nur tut es den Passagieren dabei mitunter recht weh. Wir sind aber reich entschädigt für die kleinen Leiden der Reise, sobald wir in Chapala in dem reizenden Hotel, am Ufer des Sees gelegen, ankommen und den weit sich in die Ferne erstreckenden Wasserspiegel vor uns liegen sehen; befreit vom Staube der Landstraße und gestärkt durch Speise und Trank fühlen wir uns auch wieder empfänglich für die Schönheiten der Natur. Gegenüber Chapala liegen einige größere Inseln, die Isla Mescale und nicht weit davon westlich die Isla Chapala, dagegen sind im östlichen Teile die Inseln und Felsklippen sehr zahlreich und das Wasser sumpfig, Verhältnisse, die ein außerordentlich mannigfaltiges Tierleben mit sich bringen. Diese Gegend ist für Jäger und Fischer ein wahres Paradies; in dem Insellabyrinth der Bucht von Jiquilpan und der sumpfigen, schilfbedeckten Ebene, die sich vom See aus über La Barca hinauszieht, wimmelt es von wilden Gänsen, Enten, den Flamingo ähnlichen und weißen Reihern, Störchen und Schlangenreihern. In dem klaren Wasser tummeln sich dagegen Unmassen Fische, und in den sumpfigen Distrikten hausen zahlreiche kleine Alligatoren.

Der Lago de Chapala hat hinsichtlich des Klimas, der blumenreichen Vegetation und der Lage an und für sich einige Ähnlichkeit mit dem Lago maggiore während der Frühlingszeit, nur mit dem Unterschiede, daß Temperatur und Witterung während der langen Zeit von Anfang Dezember bis Juni jener Periode entsprechen. Beständig blauer Himmel überstrahlt den lieblichen, blaugrünen See, der auf allen Seiten von einem Kranze schöner Berge umrahmt ist, die sich in

27. Der Rio Panuco bei Tampico.

der Ferne während der Mittagszeit, wenn die Luft von der Wärme erzittert, in einem leichten Schleier verlieren. Dann sitzen wir in den geräumigen Hallen des luftigen Hotels und halten Siesta, hinausblickend auf das frische Grün der Gärten und Berge. Wenn aber die Sonne sich gen Westen neigt und eine frische Brise über den See streicht, dann entfaltet sich ein buntes Leben am Ufer; auf den gepflegten Wegen am Wasser entlang werden Ausflüge gemacht, Ruder- und Segelbootfahrten veranstaltet und die Seebäder aufgesucht. Kinder und Erwachsene spielen am Strande, bis schließlich gegen Sonnenuntergang die Kurgäste, Villenbesitzer und Einheimischen, alle in Lust und jubelndem Spiel, am Gestade des gegen abend gewöhnlich stark bewegten Sees auf- und niederwogen. Wenn sich aber dann nach und nach der Horizont hinter den Bergen mit flammender Glut überzieht, das Dunkel sich allmählich über die Gegend lagert, dann stockt die lebhafte Unterhaltung, die meisten Damen und Herren lagern sich auf den Rasenflächen vor der Veranda des Hotels, und alle verfolgen in träumerischer Ruhe das ewig wiederkehrende und doch stets so herrliche Schauspiel, das uns das Tagesgestirn bei seinem Scheiden bereitet. Wonnige Luft umweht uns, das Branden der Wogen allein unterbricht die Stille, und leider nur zu bald ist die ganze Gegend in Dunkelheit versunken, aus der allein noch die blendend weiße Kirche von Chapala herüberwinkt, als ein tröstliches Zeichen, dem wir stets im Leben, wenn Nacht und Finsternis uns zu umfangen drohen, folgen sollen.

Außer den Seebädern besitzt der Ort auch noch sehr gut eingerichtete heiße Mineralbäder, deren Quellen in der Nähe der Berge den Eingeborenen schon in alter Zeit als heilkräftig bekannt waren.

Seitdem der Dampfschiffverkehr auf dem Lago de Chapala eingeführt wurde, bietet sich gute Gelegenheit, mittelst einer vierstündigen Fahrt das von Chapala entgegengesetzte Ende des Sees zu erreichen und von der Station Ocotlan aus mit der Mexican-Central R. R. die Weiterreise zu unternehmen. Die Ufer des Sees sind ununterbrochen mit langgestreckten Bergen in abgerundeter und faltiger Form eingerahmt; bisweilen wird der See so breit, daß das gegenüberliegende Ufer nur als schwache Silhouette, mitunter aber gar nicht wahrnehmbar ist. Die Einfahrt bei Ocotlan ist ganz eigenartig, der See ist hier größtenteils mit schwimmenden Wiesen bedeckt, die mit den langen Wurzelfasern der Pflanzen nur einen schwachen Halt am Grunde des seichten Wassers zu finden vermögen. Das Gras ist jedoch besonders saftig und wird von den Kühen tief im Wasser stehend abgeweidet, während Scharen von Wildenten und Fischreihern zwischen ihnen herumflattern.

Nach Oaxaca und den Ruinen von Mitla.

Auf der Tour nach den Ruinen von Mitla hatte mich mein Reisegenosse aus Bequemlichkeit im Stich gelassen; er hielt den Ausflug im Verhältnis des zu erwartenden Genusses für zu anstrengend. Diese Meinung hat sich als falsch erwiesen; anstrengend war nur die Eisenbahnfahrt, denn die Southern Mexican Railway ist nicht sonderlich für das Wohlbefinden ihrer Passagiere besorgt. Die Beförderung ist zweifellos die am wenigsten komfortable aller mexikanischen Eisenbahnen. Die Wagen erster Klasse stehen kaum auf der Stufe derjenigen zweiter Klasse anderer Linien, und doch sollte gerade bei dem außerordentlich langsamen Betrieb (der Zug braucht für die Strecke Puebla-Oaxaca, 367 km, die Zeit von 13 Stunden) und der großen Hitze während eines Teiles des Tages für die äußerste Bequemlichkeit der Reisenden gesorgt werden. Jedoch die

Fahrt durch das wildromantische Gebirge von Tehuacan an ist so ungemein malerisch, daß die wunderbare Schönheit der Natur für die Leiden reich entschädigt. Die Vegetation unterscheidet sich wesentlich von allem, was wir seither geschaut haben; ein eigenartiger Kaktus, Organo genannt, herrscht besonders vor und tritt stellenweise massenhaft auf. Er geht von kurzem, festen Stamme aus, verzweigt sich dann breit und wächst kerzengerade 4—5 m hoch auf; seine stacheligen, röhrenartigen Triebe haben eine große Ähnlichkeit mit Orgelpfeifen.

Die Bahnlinie läuft fast immer neben Flußbetten entlang, die im Winter vollständig ausgetrocknet sind, während der Regenzeit aber als wildströmende Gewässer zur Verschönerung der Landschaft viel beitragen. Nicht auf einem langgestreckten Plateau, wie in der Umgebung der Hauptstadt fahren wir dahin, sondern zahlreiche Schluchten und Engpässe durchschneiden die Gebirgszüge, im Auf- und Niedersteigen reiht sich unaufhörlich ein Tal ans andere. Stundenlang geht die Fahrt zwischen hohen Felsmassen entlang, wobei wir hin und wieder einen freien Blick fern hinaus über sich aneinander reihende Felskulissen genießen, die sich in violetten und intensiv blauen Tönen abstufen. Die Landschaft bietet dem Auge immer Neues, sie trägt nicht die Schuld daran, wenn wir ermüden und infolgedessen uns bemühen, im Wagen ein bequemes Plätzchen zu angenehmer Ruhe aufzufinden — leider vergeblich.

Von Puebla, das 2200 m hoch liegt, fällt die Bahn bis nach Quietepec, einer Strecke von 235 km, um mehr als 1600 m und steigt dann schnell während der folgenden 85 km wieder bis zur Höhe von beinahe 2000 m bei Los Sedas empor, von wo aus sie sich bis Oaxaca wieder um 400 m senkt, so daß wir uns, daselbst angekommen, ungefähr 600 m niedriger befinden als in Puebla. Die Mexican Southern Railway ist eine der wichtigsten Verbindungen zwischen Nord und Süd in Mexiko, und sie würde zu noch weit höherer Bedeutung gelangen, wenn die Fortsetzung derselben bis nach Tehuantepec erfolgen könnte, so daß die Linie direkt bei Salina Cruz an den Pacifischen Ozean anschließen würde, leider scheint aber hierzu vorläufig keine Aussicht vorhanden zu sein. Jetzt bildet die Southern den Zugang zu den außerordentlich reichen Minendistrikten der ganzen Gegend, und die an Kaffee, Zuckerrohr und allen Sorten tropischer Früchte so reichen Ländereien haben infolge des leichteren Absatzes der Erzeugnisse bedeutend an Wert gewonnen.

Die Bauart von Oaxaca weicht nicht ab von dem allgemeinen Typus der mexikanischen Städte, hingegen ist das Leben und Treiben hier ein wesentlich anderes, als wie wir es seither gesehen haben. Die viel südlichere Lage kennzeichnet sich bei der eingeborenen Bevölkerung durch die Kleidung, Sommer und Winter herrscht hier ein gleichmäßiges Klima. Die Abende und Nächte sind fast niemals kalt, sondern wonnig mild, kein Wunder also, wenn sich die Kleidung dementsprechend bequem gestaltet. Die Frauen der Indios sind oft nur mit einem in den Hüften zusammengehaltenen Hemd bekleidet; die Arme und der obere Brustteil sind unbedeckt, an eine Notwendigkeit, die weiblichen Reize sorgfältig zu verhüllen, denken die Bewohner der

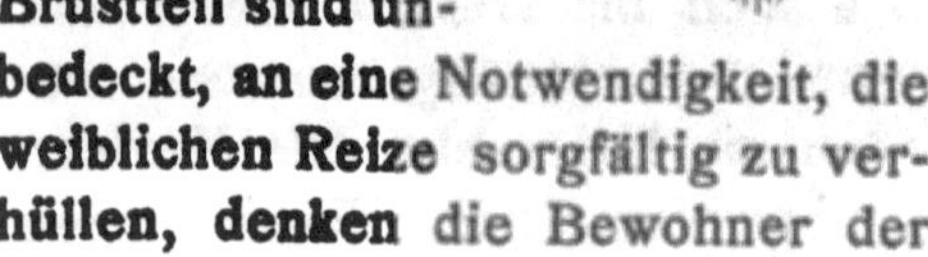

Gegend nahe dem Äquator gar nicht (Bild 18). Das Heim gar vieler Menschen ist hier die offene Straße, und diese Armen essen mit Weib und Kind da, wo sich gerade ein geeigneter Platz findet, sie legen ihr Haupt an demselben Orte nieder, wo sie von der Müdigkeit befallen werden, ohne einen anderen Schutz als den des Himmels und der Republik.

Die Plaza Oaxacas, oder eigentlich die Plazas, da deren zwei aneinanderstoßende vorhanden sind, bilden wie überall den Sammelpunkt der Einwohner in den kühlen Abendstunden; die größere ist beschattet von mächtigen Bäumen und angefüllt mit einer überreichen Flora. Die beiden Plazas vereinigen sich an der Nordostecke unweit der alten, als Bau interessanten Kirche El Soledad. Die Kathedrale an der Plaza de armas ist zwar die wichtigste Kirche Oaxacas, aber nicht die größte. Ihre Erbauung hat ziemlich viel Zeit in Anspruch genommen; 1553 wurde der Grundstein gelegt, die Mauern erst 1610 aufgeführt und der Bau im Jahre 1730 vollendet. Die ursprüngliche Kathedrale San Juan de Dios ist ein ungemein primitiver Bau und mit Stroh gedeckt gewesen. Die Kirche Santa Dominigo ist die am reichsten ausgestattete, ja sie soll, bevor sie ausgeraubt worden war, die kostbarste in Mexiko gewesen sein. Die lebensgroßen Heiligenfiguren und Verzierungen der Wände waren so schwer mit Gold beladen, daß die spanischen Soldaten sich dessen annahmen. Diese Kirche sowohl, als auch El Soledad haben in den Kriegswirren des öftern als Festungen gedient, die daselbst aufgestellt gewesenen Kanonen haben ihre Stimmen wiederholt für die Freiheit donnernd ertönen lassen. Die Kirche Santa Dominigo soll mit einem Kostenaufwand von 13 Millionen Dollars erbaut worden sein. Es befinden sich noch außerdem 18 Kirchen in Oaxaca, so daß für die Einwohnerschaft (1900 : 35076) in religiöser Beziehung gut gesorgt ist. Eins der schönsten

Gebäude ist der Gouvernements-Palast, mit der Front nach der Plaza de armas gerichtet, der die ganze Länge des Platzes einnimmt.

Besondere Bedeutung hat Oaxaca noch dadurch gewonnen, daß zwei der hervorragendsten Männer der neueren Geschichte des Landes Söhne dieser Stadt sind: Juarez und der jetzige Präsident Porfirio Diaz. Die Gründung der Stadt erfolgte lange bevor Cortez ins Land kam.

Den Hauptanziehungspunkt für den nach Oaxaca kommenden Touristen bilden die mittels sechsstündiger Wagenfahrt zu erreichenden berühmten Ruinen von Mitla. Man mietet sich für diese Tour auf zwei Tage eine der offenen, nicht unbequemen Kutschen, die mit sechs Maultieren bespannt werden. Wir hatten ein leidlich gutes Gefährt erlangt und holperten die schrecklich gepflasterten Straßen der Stadt entlang, hoffend, daß es außerhalb derselben besser werden möchte. Eine lange Strecke sehr schlechten Weges war allerdings auch dann noch zurückzulegen, und mancher recht unsanfte Zusammenstoß der Insassen des Wagens wurde mit Humor hingenommen. Wichtig ist es, in Oaxaca recht zeitig aufzubrechen, denn die Fahrt in den kühlen Morgenstunden ist sehr angenehm, und sobald sich weiterhin die Landstraße steinfreier gestaltet, beginnt die Fahrt ein wirklicher Genuß zu werden. Nach kaum einstündiger Reise zeigen sich die wohlbekannten Riesenbäume von Tule, von denen besonders ein bei der Kirche stehender Prachtbaum die Bewunderung aller Beschauer erregt. Mit wundervoller, enorm sich ausbreitender Laubkrone ragt der majestätische, herrliche Baum gen Himmel, mit seinem kolossalen Stamme allen Unbilden des Wetters trotzend. Über 33 m mißt der Umfang des ungeheuern Stammes, zu dessen Umspannung 22 Leute nötig waren, die mit ausgebreiteten Armen den großen Kreis gerade knapp zu schließen vermochten. Der Baum gehört einer Zypressenart an und wird von den Eingeborenen Ahuehuetl genannt. Die etwas hängenden Äste mit feinen Ausläufern haben zartgefiederte, winzige, hellgrüne Blättchen, und die dünnen Zweiglein schweben bei dem leisesten Lufthauche hin und her. So ist der Baum von außergewöhnlicher Schönheit, die schon Humboldt bei seinem Hiersein begeisterte; zur Erinnerung ließ er eine Stelle des Baumes von der Rinde befreien und abglätten, so daß eine Tafel entstand, auf der eine Inschrift angebracht wurde. Leider ist dieselbe nicht mehr ganz lesbar, da die Rinde die Tafel von allen Seiten wieder überwachsen hat; nur die Hälfte der Worte sind noch zu entziffern, auch die Namensunterschrift des berühmten Reisenden ist erhalten geblieben.

Nun ging es wieder vorwärts; unsere Maultiere trabten in gutem Tempo, und da es erst kürzlich geregnet hatte, belästigte uns der Staub auf diesem Wege nicht allzusehr. Wenn die Tiere in ihrem Eifer etwas nachlassen wollten, fehlte es nicht an überlauten Zurufen des Kutschers, der sich eigentlich fortwährend im Kampfe gegen die Trägheit der Mulis befindet. Da die Gegend jetzt recht monoton geworden war, bildete unsere einzige Unterhaltung, zu beobachten, wie geschickt der Kutscher es verstand, ab und zu jedem der sechs Tiere mittels der Peitsche mit staunenswerter Sicherheit eins aufzubrennen.

Dank der zeitigen Abfahrt langten wir noch vor Eintritt der größten Tageshitze in Tlacolula an, wo wir Halt machen mußten, um den Maultieren Erholung zu gönnen, welche Gelegenheit wir benutzten, auch uns etwas zu erfrischen. Die Tiere wurden fleißig mit Wasser übergossen, eine Wohltat, um die wir sie wirklich beneideten, denn es war uns bis hierher doch ordentlich warm geworden. Es ist in den kleinen Städten Mexikos üblich, an Festtagen Markt abzuhalten (Bild 19), und da heute Sonntag war, hatte sich auch hier auf dem Hauptplatze ein lebhaftes Treiben entfaltet. Die Gelegenheit benutzten wir zu einigen kleinen Einkäufen, bemerkten aber bald, daß ein paar verdächtige Kerle mit großem Interesse nach den Uhrketten schielten; infolgedessen zogen wir es vor, uns bald aus dem Gedränge zurückzuziehen, da die Erfahrung uns bereits gewitzigt hatte. Was man hierzulande einmal los geworden ist, sieht man niemals wieder. Begleitet von einer Unzahl kläffender, erbärmlich dürrer Hunde stolperte unsere Kutsche weiter die Dorfstraße entlang, so daß alle Bewohner des Ortes aus den Häusern eilten, um die Ursache des ungewöhnlichen Aufruhrs kennen zu lernen. Nicht mehr lange währte es, so zeigten sich in der Ferne die Hügelketten des Tales von Mitla; der Weg zieht sich sehr in die Länge, aber die Landschaft gestaltet sich jetzt anmutiger. Malerische Felspartien begrenzen die Straße, und der stattliche Organo-Kaktus unterbricht das eintönige Gelände. Gegen 1 Uhr fuhren wir bei sengender Mittagshitze an der Hazienda des liebenswürdigen Don Felix Quero vor, der in seinem netten Heim den Touristen allezeit Unterkommen und Verpflegung gewährt. Eine Reihe freundlicher Zimmer, die nach den in üppiger Vegetation prangenden Patio münden, stehen zur Aufnahme der Gäste bereit, und eine halbe Stunde nach unserer Ankunft schon erfreute uns die aufmerksame Dame des Hauses durch ein Diner, wie es uns besser noch in keinem Hotel Mexikos serviert worden war. Eine längere Siesta im kühl gelegenen Zimmer brachte uns über die heißen Stunden des Nachmittags hinweg, und gegen 5 Uhr machten wir uns auf den Weg nach den kaum 10 Minuten von der Hazienda entfernten Ruinen.

Durch das meist aus einfachen Hütten der Indios bestehende Dorf (Bild 20), in dem die Einzäunungen der Gärten aus mächtigen Kakteen bestehen (Bild 21), führt der Weg nach den Ruinen in der Richtung auf die weithin sichtbare Kirche zu. Bald zeigen uns die ersten Trümmer-

28. Veracruz.

reste der Steinwälle an, daß wir uns den Ruinen nähern, und nur wenige Schritte noch, dann liegt der Hauptbau des Tempels von Mitla vor uns (Bild 22).

Es ist ein eigentümliches Gefühl, das sich unser bemächtigt, wenn wir in eine Stätte eindringen, die ein Volk vor Tausenden von Jahren für den Dienst heiliger Handlungen erbaute. Man tritt unwillkürlich leiser auf und vermeidet geräuschvolles Gebahren; es ist, als wenn der Geist der an solcher Stelle verehrten Götter noch über den Trümmern schwebe, den Nahenden die frevelhafte Berührung des geheiligten Eigentums zu wehren. Dieses Gefühl überkommt uns in Mitla ganz besonders, denn wir haben hier das Vermächtnis eines Volkes vor uns, von dem wir nicht wissen, wann es gelebt hat, woher es gekommen und wohin es entschwunden ist. Keine Kunde von jenen Mächtigen, die diese kunstvollen Tempel erstehen ließen, ist auf uns gekommen, weil wir ihre Sprache nicht kennen, wir wissen nur, daß ein Volk dereinst an dieser Stätte weilte, das seinen Zeitgenossen weit voraus war. Daß hier Menschen wohnten, die auf einer hohen Stufe der Kultur standen, zeigt uns ein nur flüchtiger Blick auf die noch jetzt gewaltigen, wenn auch nicht mehr sehr hohen Bauwerke mit den in edlen Linien gehaltenen Ornamenten. Wir treten zuerst in einen großen Vorhof, von dem aus seinerzeit offenbar nach verschiedenen Seiten hin große Freitreppen zu den höher gelegenen Räumen und Sälen führten, in denen die heiligen Handlungen vorgenommen wurden. Die Annahme liegt nahe, daß wir es hier mit den Resten einer Akropolis zu tun haben, ähnlich derjenigen in Theben, wo in zahlreichen Tempeln die Formalitäten der komplizierten Beerdigungsfeierlichkeiten vorgenommen wurden, bevor die geweihte Leiche der Gruft zur ewigen Ruhe übergeben werden konnte. Diese Idee erhält dadurch Unterstützung, daß nicht unweit der Tempel Gräber aufgefunden worden sind, aber einer späteren Zeit wird es vorbehalten sein, durch umfangreiche Ausgrabungen mehr Klarheit in die auseinandergehenden Ansichten zu bringen. Auf die mehrfach ausgesprochene Meinung, daß man es hier mit Festungswerken zu tun habe, des näheren einzugehen, halten wir kaum für nötig. Es würde sich zunächst die Frage aufdrängen, zu welchem Zwecke man die Innenräume von Befestigungen mit so ungemein kunstvollen Mosaiken der Wandflächen geziert habe. Man muß sich vergegenwärtigen, welch ungeheurer Aufwand an Zeit und Mühe in jenen alten Zeiten solche Arbeiten erforderten. Und zu was hätte man damals derartige kanonensichere Bauwerke gebraucht, da doch Geschosse nicht existierten, gegen deren Gewalt man sich durch die Aufführung so fester Bauten hätte schützen müssen. Ein derartiger Fleiß und eine so große Ausdauer, wie nötig waren, die Mosaikarbeiten auszuführen und die großen Monolithsäulen zu bearbeiten, kann nur aus der religiösen Begeisterung eines Volkes entspringen, das seinen Göttern heilige Stätten zu gläubiger Verehrung errichtet. Durch alle Zeiten der Geschichte des Menschengeschlechts läßt sich das Bedürfnis erkennen, der Ehrfurcht vor mächtigen, geheimnisvollen Gewalten durch Errichtung großartiger Bauten Ausdruck zu verleihen, um diese zu vollenden, wurde kein Opfer als zu groß erachtet. Bei der Aufführung der Bauten für praktische Zwecke aber trat stets das Bestreben in den Vordergrund, so zweckdienlich wie möglich vorzugehen. In den höher gelegenen Räumen gelangen wir zu einem kleinen Saal, der nach allen Seiten hin mit korridorähnlichen Nebensälen umgeben ist. Überall sehen wir daselbst die großen Flächen mit höchst kunstvollen, durch Einsetzen sorgfältig bearbeiteter Steine erzielten Mosaikmustern geschmückt, die von zierlichen Leisten umgeben sind; die Ornamente bilden ein sehr stark hervortretendes Relief. Eine andere Halle überrascht uns durch die gute Erhaltung von sechs großen, runden Basaltsäulen; sie sind aus einem Stück gearbeitet und haben 2,30 m Umfang bei 4 m Höhe.

Diese sogenannte Halle der Monolithen erregt die Bewunderung jedes Beschauers, und man fragt sich vergebens, wie es die Künstler der damaligen Zeit fertigbrachten, diese Kolosse harten Gesteins zu bearbeiten. Die Ausgrabungen haben seither nur schwache, weiche Kupferwerkzeuge messerartiger Form zutage gefördert, die zu der Bearbeitung der Steine gänzlich untauglich gewesen wären. Die Aufrichtung dieser Säulen, wie auch die Hochbeförderung der verwendeten mächtigen Steinblöcke geschah wahrscheinlich in gleicher Weise wie bei den alten Ägyptern mittels schräger Ebenen, die, je mehr der Bau wuchs, desto ausgedehnter und höher angelegt werden mußten.

Von besonderer Schönheit ist der Mosaiksaal (Bild 23) links vom Mittelraum; hier sind die Arbeiten noch ausgezeichnet erhalten, während alle anderen ähnlichen Hallen, die sich an diesen Saal anschließen, sehr vom Zahn der Zeit gelitten haben. Fensteröffnungen finden sich an keiner Stelle der Mauern vor, doch auch dieser Umstand schließt unsere Ansicht nicht aus, daß wir es hier mit einem Tempelbau zu tun haben, denn in Ägypten sehen wir an gut erhaltenen Tempeln die ganz gleiche Erscheinung, so in Edfu. Die Räume wurden durch Öffnungen in der Decke erleuchtet, was auch hier der Fall gewesen sein kann. Die Kunst des Wölbens war den Erbauern der Tempel von Mitla so wenig bekannt, wie den Bauherren der alten Ägypter, die Architrave über den Portalen wurden durch entsprechend große Steinplatten erstellt.

Vom Vorhofe führen mehrere fast quadratische Eingänge in Kammern und niedrige Korridore, die wahrscheinlich der Aufbewahrung von Gegenständen zu Kultuszwecken gedient haben. Neuerdings wurden auch Zugänge zu unterirdischen

Gängen aufgefunden, die möglicherweise eine Verbindung mit den übrigen Tempeln hergestellt haben. Unweit des vorstehend beschriebenen, noch in seiner ganzen Konstruktion erkennbaren Tempelbaues befinden sich, fast direkt daran anschließend, nach Westen hin die Überreste von zwei ähnlichen Bauten, die indessen fast gänzlich verfallen sind. Die Tempelanlagen müssen sich dereinst noch weit nördlich, nach der Bergkette zu erstreckt haben, da die Kirche von Mitla auf den Wällen von Ruinen erbaut wurde, und weiterhin fanden wir in einem Hofe, der profanerweise jetzt als Pferdestall dient, Spuren von Hieroglyphen auf dem feinen Stucküberzuge des Mauerwerkes vor, die, auf rotbraun gefärbten Grund gezeichnet, eine frappante Ähnlichkeit mit den Figuren aus den Inschriften der Mayas im Yukatan aufwiesen. Wir kehren nach dieser, mehr wissenschaftlichen Interessen gewidmeten Reise zurück nach der Hauptstadt, um die Wunder der Eisenbahnlinien nach dem Golf in Augenschein zu nehmen.

Von Mexiko City nach Tampico.

Die Heimreise von Mexiko nach Hamburg kann von zwei verschiedenen Häfen aus erfolgen, Tampico oder Veracruz, da die Schnelldampfer der Hamburg-Amerika Linie beide Häfen des Golfs von Mexiko anlaufen. Wer seine Tour möglichst beschränken will, dem ist zu empfehlen, nachdem er die bereits besprochenen wichtigsten Plätze besucht hat, die Weiterreise mit der Mexican-Central-Railway nach Tampico auszuführen, da dieser Hafenplatz einen angenehmeren Aufenthalt als Veracruz und die Eisenbahnfahrt an landschaftlicher Schönheit mindestens ebenso Wunderbares bietet, als die Fahrt mit der National R. R. nach Veracruz. Wer über mehr Zeit verfügt und Mexiko ein-

29. Früchteverkäuferin aus Cordoba.

gehender kennen lernen will, der kann in dem letzteren Hafen den Dampfer wieder verlassen, mit der Mexican Railway über Orizaba nach der Hauptstadt zurückkehren und dann auf der dritten Linie, der Interoceanic-Railway über Jalapa wieder nach Veracruz gelangen. Alle die genannten Touren führen uns großartige Landschaftsbilder in solcher Fülle vor Augen, daß die Fahrten zu den schönsten auf der ganzen Welt gerechnet werden müssen. Die Meinung ist naheliegend, nach Zurücklegung der nachstehend beschriebenen herrlichen Fahrt vom Hochplateau hinab zum Golf, ein nochmaliges Zurückkehren nach der Hauptstadt auf anderem Wege als überflüssig erscheinen zu lassen, doch wir können nicht nachdrücklich genug betonen, daß es sich im vorliegenden Falle um Touren von ganz außergewöhnlicher Schönheit handelt. Die Eisenbahnfahrt nach Tampico erfordert bei einer Entfernung von 1250 km die Dauer von 33 Stunden. Es ist dies eine verhältnismäßig lange Zeit, man muß jedoch berücksichtigen, daß bei dem großen Niveauunterschied zwischen der Hauptstadt und dem Golf von Mexiko (fast 8000 Fuß) ein beträchtlicher Teil der Fahrt auf sehr gebirgiges Terrain entfällt, in dem so ungemein viel scharfe Kurven nötig waren, daß im Interesse der Sicherheit eine große Geschwindigkeit ausgeschlossen ist.

Wir berühren auf dieser Reise nach $6^1/_2$stündiger Fahrt noch einmal die Station Queretaro und erreichen in weiteren 3 Stunden Silao, einen freundlichen Ort mit gegenüber der Bahn liegendem, ganz amerikanisch eingerichtetem Hotel. Von Silao aus unternehmen wir auf einer Seitenlinie der Mexican-Central R. R. einen Abstecher nach Guanajuato, und zwar bis Marfil mit der Eisenbahn, die bald nach der Abfahrt in eine schluchtenreiche Wildnis eintritt; in steten Bogenlinien muß sie sich ihren Weg mühsam zwischen hohen Bergwänden entlang suchen. Nach $^3/_4$stündiger Fahrt ist die Linie zu Ende; die Fortsetzung bis Guanajuato würde zuviel der Schwierigkeiten geboten haben. Die Straßenbahn befördert uns von hier aus in einer halben Stunde bis mitten in die Stadt, der wir aber erst ganz kurz vor der Ankunft ansichtig werden, da auch diese Fahrt durch einen Taleinschnitt in unendlichen Windungen zwischen hohen Bergen entlang führt.

Die erste Niederlassung in Guanajuato soll 1557 erfolgt sein, nachdem 9 Jahre vorher die Entdeckung der ersten Silberminen stattfand; seit dieser Zeit sind den Bergen unermessliche Schätze entnommen worden. Über tausend Millionen Dollar an Silberwert schafften fleißige Hände bis jetzt aus der Tiefe, und noch immer wird in den Bergwerken mit ungeschwächter Kraft weiter gearbeitet. Guanajuato, in einer Höhe von 2045 m, ist in bezug auf seine Lage vollständig verschieden von den anderen Städten Mexikos; in einem Talkessel von 3360 m hohen Bergen eingeengt, füllt die Stadt mit ihren 40 000 Einwohnern das Tal nach allen Richtungen hin vollkommen aus. Wenn man von der Höhe aus das große Häusermeer erblickt, könnte man die Bevölkerungszahl leicht auf das Doppelte schätzen; die Gebäude sind durchweg nur einstöckig, die Einwohnerschaft nichts weniger als zusammengepfercht. Ein wundervolles Panorama entrollt sich von den verschiedenen Aussichtspunkten aus zu unseren Füßen, das nach allen Seiten hin mit gewaltigen Gebirgszügen abschließt (Bild 24).

Wandern wir durch die Stadt, so fällt uns in Front des Jardin de la Union das für die Größe der Stadt unverhältnismäßig prunkvolle Theater auf, das sicher einen großen Anziehungspunkt bilden würde, wenn Vorstellungen darin stattfänden. Der prächtige Bau ist das Geschenk eines reichen Bürgers der Stadt, das Theater dient aber lediglich der Stadt zur Zierde, eine Stätte der Kunst ist es leider nicht. Fahren wir mit der Straßenbahn bergauf nach der

Bresa de la Olla, woselbst sich die reizende Alameda befindet, so haben wir Gelegenheit, die vornehmen Quartiere der Geldaristokratie kennen zu lernen. Kunstsinn vermochte, unterstützt durch die herrliche Natur, entzückende Heimstätten zu schaffen; zwischen Felsen und Wasser, von überhängenden Bäumen eingefaßt, liegen da Gärten mit geschmackvollen Kolonnaden und Kiosken fast vergraben unter üppigem Pflanzenwuchs und einer wunderbaren Flora. Der schönen Aussicht über die Stadt und der nächsten Umgebung wegen ist es vorzuziehen, den Rückweg bergab zu Fuß vorzunehmen, auch wird man gern etwas länger an manchem der lieblichen Erdenfleckchen verweilen, um den ganzen Reiz in sich aufnehmen zu können. In der Nähe des Jardin de la Union befinden sich alle bedeutenderen öffentlichen Gebäude und die Kirchen, welch letztere einen beträchtlichen Reichtum an guten Gemälden bergen. Die kostbarste Kirche ist die Compañia mit einem Glockenspiel, und der Dom, der hoch über alle Kirchen emporragt, ähnelt in seinem Aufbau einigermaßen dem Kapitol zu Washington.

Von großem Interesse ist ein Besuch des Pantheons, das etwas außerhalb der Stadt liegt; in demselben befinden sich Katakomben, ähnlich denjenigen in Rom. Der Anblick der in den Gängen aufgestellten Mumien ist allerdings etwas unheimlich, und der Gesichtsausdruck ist mitunter recht überraschend. Stumpfsinnig oder resigniert schauen die einen drein, während ein anderer ernst nachdenkend das Haupt gesenkt hat, einige sehen uns erstaunt an, wie mit einer Frage auf den Lippen, ja der eine hat sogar den Mund weit geöffnet und zeigt uns lachend seine spärlichen Zähne (Bild 25).

Die nächste Station, die wir nach $5^1/_2$stündiger Reise von Silao aus erreichen, ist Aguas Calientes, eine Stadt, die, wie schon der Name sagt, heiße Quellen besitzt und durch deren Heilkraft zu einem Ruf gelangt ist. Etwas außerhalb der Stadt gelegen, befindet sich eine Gruppe von Bädern sehr verschiedenartiger Quellen, die sich besonders bezüglich des Hitzegrades voneinander unterscheiden. Sie sind alle mit Namen von Heiligen versehen, neben denen die Temperatur angegeben ist, so daß sich dieselbe scheinbar auf die Heiligen anstatt auf die Quellen bezieht. Eine Kanalleitung führt die Quellwasser an einer Promenadenanlage entlang nach der Stadt, wo sich noch mehrere gut eingerichtete Bäder befinden. Aguas Calientes besitzt auch eine sehr hübsche Plaza, die außer der schönen Kirche Assuncion noch mit einer großen Säule geziert ist; sie war ursprünglich mit einer Statue gekrönt, diese ist aber demoliert und nicht wieder ersetzt worden. Sehenswert ist auch die Kirche San Juan de Dios, ein hervorragend schöner Bau von guter Gesamtwirkung. Im übrigen bietet die sehr gewerbtätige Stadt den Touristen nicht viel, ein Aufenthalt von einem Tage genügt, wenn man nicht die Heilkraft der Bäder erproben will. Wir machen uns daher auf, die Wunder der Eisenbahnlinie nach Tampico kennen zu lernen, die bald hinter Aguas Calientes abzweigt. Wird die Reise, wie wir es tun, von Mexico City abwärts zum Golf ausgeführt, so steigern sich die Eindrücke an landschaftlicher Schönheit beständig, während man in umgekehrter Richtung den hervorragendsten Teil der Fahrt zuerst kennen lernt und folglich der Landschaft späterhin nicht mehr die Aufmerksamkeit widmet, die sie verdient.

Die Abzweigung der Linie nach Tampico erfolgt bei Chicalote; anfangs, bis zur Station Salinas, fährt der Zug auf einer Strecke von 96 km durch eine ebene, fast ausschließlich mit Nopalkaktus und Maquey bewachsene Gegend. Die hier gedeihende Maqueypflanze ist klein und wird nicht zur Pulquebereitung benutzt, hingegen verwenden die Eingeborenen die kräftigen Wurzeln zur Destillation von Mescale.

30. Metlac-Canon, Bahnlinie Veracruz-Mexico City der Mexican Railway.

Nun beginnt die Senkung; der Zug durcheilt in weit ausholenden Windungen das sich abwärts neigende Plateau, doch läßt die Gegend durchaus nicht ahnen, daß bei der Weiterfahrt noch neue Terrassen zum Vorschein kommen werden. Prächtige Kakteen mit feuerroten und gelben Blüten bedecken die Flächen; Hütten der allereinfachsten Art, deren Wände nur von Holzstangen oder Maqueyblättern errichtet sind, zeigen sich am Wege, die bei all dem Schmutze, der sie umgibt, von ungemein malerischer Wirkung sind. Die nächste große Stadt ist San Luis Potosi (fünf Stunden von Aguas Calientes entfernt), die wir auf unserer Fahrt von Norden her bereits kennen gelernt haben, dann erreichen wir weiterfahrend wieder eine neue in sich abgeschlossene Terrasse, die nach allen Seiten hin durch Berge begrenzt ist. Wir gelangen nun nach weiterer anderthalbstündiger Talfahrt nach Villar in Höhe von 1200 m. Die Fahrt bot jetzt eine Zeitlang wenig Abwechslung, doch nun beginnt die Bahn sich in zahlreichen Windungen zwischen Engpässen und schmalen Tälern hindurchzuarbeiten. Dann erweitert sich die Aussicht plötzlich, die schön bewaldeten Berge treten mehr zurück, und der Blick schweift weit hinaus in die Ferne bis zu den verschwindenden Umrissen der gewaltigen Gebirgskette. Der Glanzpunkt der ganzen Fahrt aber ist unbedingt die sich nun anschließende Strecke bis Tamasopo. Keine Feder ist imstande, die Großartigkeit der Gebirgsszenerie, die der Zug hier durcheilt, zu beschreiben. Keine Eisenbahnlinie der Welt übertrifft an Kühnheit der Anlage diejenige durch den Tamasopo-Cañon, und keine Gebirgslandschaft bietet herrlichere und gewaltigere Perspektiven, wie sie sich hier ununterbrochen unseren Blicken eröffnen. Unermeßliche Abgründe, unheimliche, mehr denn 300 m senkrecht abstürzende Felswände werden beständig in Schlangenwindungen umfahren, grausige Schluchten überschritten und quer sich in den Weg legende Felsen mittels Tunnels durchfahren. Neue Bilder entrollen sich unaufhörlich in der wilden, vegetationsreichen, wunderbaren Landschaft, die nur durch wenige Orte belebt wird. Wenn man die Fahrt zwischen dem Golf von Mexiko und der Hauptstadt auf verschiedenen Wegen zurückgelegt und da überall so viel des Schönen und Herrlichen gesehen hat, so muß man schließlich doch der Bahnlinie der Mexican Central zwischen Tampico und der City nachrühmen, die malerischste von allen zu sein. Bedeutenderes in bezug auf Überwindung jeglicher Schwierigkeiten, die sich dem Bahnbau entgegenzustellen vermögen und Vollkommeneres hinsichtlich landschaftlicher Schönheit finden wir nirgends beieinander. Nur zu bald ist die Fahrt bis Tamasopo zurückgelegt, um alle Eindrücke nachhaltig genug in sich aufnehmen zu können. Unbegreiflich scheint es oft, daß die über und unter uns sichtbar werdenden Bahngeleise der gleichen Linie angehören sollen, und man vermag sich nicht vorzustellen, wie sie sich schließlich vereinigen werden. An manchen Stellen sehen wir unweit der Bahnstrecke Niederlassungen der Eingeborenen so ungemein primitiver Art, wie sie nur dem beständigen, bedürfnislosen Leben im Busche genügen können. Auf der Fahrt bis Rascon entzücken uns wundervolle Laubholzwaldungen, die in den denkbar verschiedensten Farbenschattierungen prangen, da die Bäume überwuchert sind mit Gehängen herrlicher Orchideen, welche reizende Drapierungen bilden. Daran schließen sich bis nach Las Crucitas weite Flächen stattlicher Palmenwaldungen, bis sich plötzlich unweit Micos ein überraschendes Bild auf den Salto del Abra eröffnet. Der hellgrün schimmernde Fluß bildet an dieser Stelle, inmitten prächtiger Ufereinfassung, einen gegen 100 m hoch herabkommenden Wasserfall, der aus einer Unzahl kleiner Katarakte besteht, die sich von einem Bassin in das andere ergießen, so eine Szenerie von zauberischer Gesamtwirkung bildend. Das Bild entschwindet leider viel zu schnell, aber immer neue Herrlichkeiten entfalten sich vor unseren Augen. Die Landschaft, die hier an uns vorüberzieht, ist noch so unberührt, so rein, wie sie sich heute unseren Blicken noch selten zeigt, die Natur atmet die lautere Jungfräulichkeit. Nun tut sich eine neue Ebene auf, die einen ausgeprägt tropischen Charakter trägt, das Füllhorn der Schöpfung ist über diesen Erdenfleck in verschwenderischer Weise ausgeschüttet worden, und in der Ferne, das Tal lieblich einrahmend, zeigen sich die hochaufragenden Berge, von deren Höhe wir herabgekommen sind (Bild 26). Nach El Abra verlassen wir die letzte Hochebene, die ungemein reich an Dattelpalmen ist, auf der aber nur wenige ganz verstreut liegende Ansiedlungen in rein paradiesischem Zustande zu sehen sind. Die Leute brauchen hier so gut wie nicht zu arbeiten, es wächst ihnen alles sozusagen in den Mund. Einige Lumpen genügen als Kleidung, die Wohnung aufzurichten ist das Werk weniger Stunden. Und diese Menschen sind glücklich, denn sie haben wenig Bedürfnisse, das Zusammenleben der Familie, der Besitz einiger Hühner, Schweine und, wenn es hoch kommt, eines Esels ist alles, was zu ihrem Behagen nötig ist, ihr Glück ausmacht. Sie führen ein ideales Leben und fügen niemand ein Leid zu; die Zivilisation ist noch nicht bis zu ihnen gedrungen, dafür sind ihnen aber auch noch die Schlechtigkeiten der großen Welt fremd. Wer die Reise durch die Tierra caliente in der Zeit von Ende April bis etwa Mitte Mai zu-

rückgelegt hat, wird mit Entzücken der Blüten- und Farbenpracht gedenken, die sich da seinem Auge darbot. Der Frühling streut über die grünenden Flächen die herrlichsten Blumen mit einer Verschwendung ohnegleichen, es entfaltet sich eine Flora mit einem Farben- und Formenreichtum, den zu beschreiben wir nicht vermögen — die ganze Gegend ist dann ein wahrer Garten Gottes.

Inzwischen nähern wir uns auf großen Umwegen der Talebene, und vor Las Palmas erreichen wir dieselbe endlich. Von hier aus gesehen erscheint das mächtige Gebirgsplateau wie eine einzige ungeheure Stufe in schnurgerader Linie, die nicht ahnen läßt, daß sich so großartige Wunder der Gebirgswelt dahinter verbergen. Von jetzt ab fahren wir auf einer ebenen Strecke von 113 km Länge durch eine anmutige, in heiterem Grün prangende Landschaft. Kurz vor Tampico wird auf großer eiserner Brücke der stets wasserreiche Tamesi überschritten, gerade an der Stelle, wo er sich mit dem Panuco vereinigt. Der Strom ist aufwärts, nach dem Innern des Landes zu, auf mehr denn 300 km schiffbar, seine Ufer sind reich an tropischer Vegetation, aber die Fahrt ist nicht unbeschwerlich. In Tampico fahren wir nach zwölfstündiger Reise von San Luis Potosi ein und befinden uns in einem der wichtigsten Hafenstädte Mexikos.

Tampico macht dem Hafen von Veracruz von Jahr zu Jahr mehr Konkurrenz, wozu der Umstand günstig mitwirkt, daß auch die größten Seeschiffe direkt am Pier anlegen können und der größte Strom des Landes hier ins Meer mündet (Bild 27). Infolge dieser vorteilhaften Verhältnisse blüht die Hafenstadt lebhaft auf, die durch die Mexican Central- und Mexican-Gulf-Railway vorzügliche Verbindungen nach den größten Städten der Republik besitzt. Auch die Hamburg-Amerika Linie hat den Hafen als wichtig erkannt und legt daher mit ihren großen Dampfern regelmäßig hier an. Die Stadt ist gesund, sauber und freundlich, aber ohne besondere Sehenswürdigkeiten; jedoch bietet sich bei La Barra prächtige Gelegenheit zum Baden im Meere. Das Wasser des mexikanischen Golfs hält sich das ganze Jahr hindurch auf einer angenehmen Badewärme, und ein beständig starker Wellenschlag, wie auch ein weicher, sandiger Strand machen das Baden in La Barra sehr angenehm; die Saison ist hier während des Frühjahrs.

Teocalli zu Papantla bei Tampico.
(Aus „Mexiko, Land und Leute" von E. v. Hesse-Wartegg.)

Etwa 20 km westlich von Tampico befinden sich zahlreiche Ruinen einer alten Stadt, die von großer Bedeutung gewesen sein muß, da sich die baulichen Reste noch ungefähr eine Stunde weit ausdehnen. Es befinden sich unter den Trümmern kunstvoll gearbeitete Steine, mit Skulpturen bedeckt, die auf die Aztekenzeit schließen lassen, doch ist über die Bewohner keine Kunde zu uns gedrungen. Der Vandalismus der Spanier hat zweifellos auch hier seine Arbeit vollbracht.

Von Veracruz über Orizaba nach Mexico City.

Die Dampfschiffahrt von Tampico nach Veracruz brachte uns eine willkommene Abwechslung. Die herrliche Seeluft wirkte erfrischend auf unsern Organismus, was sich um so angenehmer fühlbar machte, als es im Hafen von Tampico bei eingetretener Windstille drückend warm geworden war.

Besonders tat es uns wohl, einmal wieder aus dem ewigen Einerlei der mexikanischen Hotelverpflegung auf einige Tage herauszukommen. Es war daher nicht zu verwundern, daß wir uns den kulinarischen Genüssen, die auf unsern deutschen Schnelldampfern geboten werden, nach besten Kräften hingaben. Am zweiten Tage schon liefen wir in dem Hafen von Veracruz ein. Es war an einem Sonntagnachmittag, als wir in der Ferne die Küste aus den blaugrünlichen Wogen des Golfes auftauchen sahen. Reisefertig schauten wir hinüber nach dem Molo, auf dem sich schon eine große Menschenmenge angesammelt hatte; die Ankunft eines großen Dampfers bildet ja überall ein Ereignis, besonders in den Häfen der überseeischen Länder des Südens, wo so viele Hände bereit sind, dem Fremden die Ankunft und den Geldbeutel zu erleichtern. Wir hatten indessen nicht mit der mexikanischen Gemütlichkeit gerechnet, die sich wieder einmal betätigte, als wir vor Verlassen des Schiffes auf das Erscheinen eines Arztes warten mußten. Der Mensch gönnt sich Sonntags gern ein Vergnügen, so hatte auch der Doktor einen Ausflug gemacht und war nicht vor spät abends zurückzuerwarten. Da blieb uns denn weiter nichts übrig, als die Landung auf den nächsten Tag zu verschieben, was wir uns gern gefallen ließen, denn hier an Bord waren wir gut aufgehoben, zweifellos besser als in Veracruz. Ein derartiges Intermezzo ist in Mexiko ganz und gar nichts Ungewöhnliches, denn es herrscht daselbst eine große Vorliebe dafür, alles „mañana"morgen zu tun. Mañana ist das bukra Ägyptens und bedeutet eigentlich ein Aufschieben für unbestimmte Zeit.

Wir würden unrecht tun, wenn wir der Hafenstadt Veracruz (Bild 28), die sich, vom Schiffe aus gesehen, reizend ausnimmt, ein Loblied singen wollten. Trotz des starken Handelsverkehrs mit dem Auslande gibt es daselbst nicht ein einziges gutes Hotel. Unsauberkeit und Nachlässigkeit machen den Aufenthalt in der Stadt unangenehm. Die Straßen und Plätze, teilweise hübsch angelegt, wimmeln von Zopilotes (Aasgeiern), die hier die Reinigung der Straßen besorgen und sich den übelriechenden Unrat gegenseitig streitig machen. Fährt ein Wagen, der die Abfälle aus den Häusern abholt, durch die Stadt, so wird derselbe sofort von einer Herde Zopilotes belagert, die über die Delikatessen herfallen und sie aus dem Schmutz wieder herausziehen. Die Tiere sind somit für Veracruz sehr nützlich, und in strenge Strafe verfällt jeder, der ihnen ein Leid zufügt. Die Zopilotes führen daher ein beneidenswertes Dasein, bei ihren Mahlzeiten aber sind sie recht ekelerregend. In gesundheitlicher Hinsicht ist die Stadt verrufener als sie es verdient; mehr Typhus- und Fieberfälle als an anderen Orten der Tierra caliente kommen hier jedenfalls auch nicht vor; die reine Seeluft macht manches wieder gut. In neuerer Zeit ist die Sterblichkeit an Malaria und gelbem Fieber, Krankheiten, die schon früher wiederholt die Bevölkerung dezimierten, nicht mehr bedeutend, sie kommen naturgemäß fast nur in den unteren Schichten des Volkes vor. Die Einwohnerzahl betrug im Jahre 1900: 24085, darunter viele Europäer. Wir hielten uns nur eine Nacht in dem als bestes am Patze bekannten „Hotel Mexiko" auf, und diese kurze Zeit genügte auch vollständig für den Aufenthalt in Veracruz. Mit der Mexican-Railway, deren großartige Bahnanlage hinsichtlich der Kühnheit des Baues und der Schönheit der Landschaft mit der Linie Tampico-Mexico City wetteifert, unternahmen wir am Nachmittage zunächst die Fahrt bis Orizaba. Die Nachtverbindung mit Schlafwagen nach der Hauptstadt ist zwar sehr bequem, man würde indessen einen Fehler begehen, eine der schönsten Eisenbahnfahrten der Welt zu verschlafen.

Anfangs geht die Fahrt durch eine sehr sandige, wenig bewachsene Gegend, doch bald ändert sich das öde Bild.

Portador.

Wir durcheilen weite Flächen, auf welchen riesige Kakteen sowie üppige, verschiedenartige Palmen und enorme Laubholzbäume mit breitem Geäst wuchern. Dazwischen liegen anmutig verstreut kleine, primitive Farmhäuschen der Indianer; die Dächer sind nur aus Schilf und Palmenblättern hergestellt. Wir kommen an Stationen vorbei und sehen keine Ortschaften, aber es stehen da eine Menge Maultiere, der Arbeit harrend, die den spärlichen Schatten aufgesucht haben. Daneben liegen in Gruppen Männer mit den eigentümlichen hohen, spitzen Stroh- und Filzhüten. Indianer mit Frauen und Kindern drängen sich herbei, um eine Kleinigkeit zu verdienen. Wir sehen da graubärtige Männer mit den dunkeln Augen uns finster anblickend; in der malerischen Tracht könnte man jeden einzelnen für einen gefährlichen Banditen halten. Doch die Leute sind harmlos, in dem umgeschnallten Revolver haben sie gewöhnlich gar keine Patronen.

Durch dichte Waldungen mit Olivenbäumen und Dattelpalmen fahren wir weiter; hier wird kein Baum gefällt, ist er alt, so stürzt er, bleibt liegen und verfault, bald genug überwuchert von neuem Leben. Baumhohes Buschwerk mit blutroten Beeren, großen, weißen Dolden und Blüten in allen Farben, Tulpenbäume und herrliche schilfartige Pflanzen mit grellfarbigen, lanzenförmigen Blättern beleben die Gegend,

31. Pico de Orizaba, Mexikos höchster Berg.

dazwischen liegen Bananenpflanzungen, umgeben von kolossalen Umzäunungen blühender Kakteen. Bei Paseo del Macho kommt das Gebirge in Sicht. Im Restaurant der Station werden uns gebratene Gürteltiere, die eine große Delikatesse sein sollen, angeboten.

Felle von Tigern sind hier zu Spottpreisen zu haben, denn diese Bestien zeigen sich noch oft genug in den Urwaldgebirgen der Umgegend. Die Zopilotes finden, wie es scheint, auch außerhalb der bewohnten Stätten reichliche Nahrung; wenn irgendein Haustier stürzt, so läßt man es im Freien liegen. Beim Weiterfahren bemerkten wir dicht an der Bahnlinie eine tote Kuh, auf deren Kadaver Hunderte von Aasgeiern schmausten. Sie hatten den Leib des Tieres aufgerissen und rauften sich um die besten Fetzen — es war ein entsetzlicher Anblick. Ein Haidebrand rechts und links des Bahnkörpers, die hier sehr häufig sind, nötigte uns, schleunigst die Fenster zu schließen; aber nichtsdestoweniger verbreitete sich nach und nach ein so penetranter Brandgeruch in den Waggons, daß wir kaum zu atmen vermochten.

Jetzt begann der Zug schnell aufwärts zu steigen, die Vegetation entwickelte sich stellenweise mit gleicher Üppigkeit wie in Brasilien. An einer Hazienda, Kaffee-, Zuckerrohr- und Reisplantagen entlang fahrend, erreichten wir eine wildromantische Schlucht mit herrlichem Wasserfall in der Tiefe. Dann folgte Atoyac, wo uns eine Menge malerischer Gestalten umdrängte, die

Bewässerungssystem primitivster Art.

Früchte und andere Eßwaren feilboten, doch nach kurzem Aufenthalte brauste der Zug weiter hinauf in die Berge. Die Gegend nimmt oft Urwaldcharakter an, Baum- und Buschwerk sind mit Schlinggewächsen undurchdringlich behangen, doch zeigen sich stellenweise Kaffee- und Zuckerplantagen.

Nun wurden die Berge zur Seite immer höher, die, mit dichtem Wald bewachsen, von den schwächer werdenden Strahlen der Sonne mild beleuchtet waren. Die sengende Hitze hatte nun nachgelassen, die frische Luft des Gebirges machte sich geltend. Förmliche Waldungen von Bananen, aus denen der aromatische Duft der Früchte bis zu uns drang, erstrecken sich bis nach Cordoba, das wegen seines vorzüglichen Kaffees berühmt ist. Hier ist die ganze Gegend ein großer Park, herrliche Gardenien, Bananen mit den ampelartig herabhängenden, violetten Blüten leuchten aus dem Grün heraus, und wundervolle Früchte, wie Orangen von außergewöhnlicher Süße, Ananas, Granatäpfel, Chirimoyas, die sogenannte Frucht der Engel, wachsen hier in Hülle und Fülle, von den lieblichen kleinen Mädchen angeboten, erscheinen sie uns noch verlockender (Bild 29). Auf der Strecke von hier bis Orizaba entwickelt sich die Bahnanlage, die seither beständig langsam anstieg, plötzlich großartig. An einer gewaltigen, breiten Talschlucht entlang geht die Fahrt, über einen hochinteressanten, 120 m langen Viadukt, der in scharfer Kurve angelegt ist, braust der Zug 30 m hoch über den Abgrund (Bild 30), um dann auf der gegenüberliegenden Seite in schneller Steigung den Metlac Cañon emporzuklimmen. Wir fahren an der schroffen Felswand durch mehrere kleine Tunnels und genießen einen wundervollen Blick hinab in das reiche Tal, umrahmt von ungeheueren Gebirgszügen. Durch liebliche Landschaft fahren wir noch eine kurze Strecke weiter, dann erreichen wir Orizaba in Höhe von 1280 m. Nicht zu heiß im Sommer, mit stets milder Temperatur im Winter, besitzt Orizaba, ein Ort mit 20000 Einwohnern, ein wirklich ideales Klima und bildet infolgedessen einen angenehmen Aufenthalt für Rekonvaleszenten während des ganzen Jahres. Die prächtige Szenerie der ganzen Umgegend, die der von hier nur 10 km entfernte Pico de Orizaba besonders großartig gestaltet, trägt nicht wenig zur Beliebtheit des Ortes bei. Die herrliche, regelmäßige Pyramide dieses erloschenen Vulkans, bei den Azteken Citlaltepetl, d. h. Sternberg, genannt, erhebt sich unvermittelt aus der Ebene in seiner kolossalen Größe, sein eisumgürtetes Haupt ist umrahmt von dem tiefen Blau des südlichen Himmelsgewölbes (Bild 31). Der Pico de Orizaba, 5550 m hoch, ist einer der gewaltigsten Berge der Erde und der höchste von Zentralamerika. Er wurde zuerst 1848 von zwei amerikanischen Offizieren bestiegen, Reynolds und Maynard; der höchste Paß, Cuchilla, liegt in 4418 m Höhe. Der Gletscher reicht bis zu 4015 m herab, während die Schneegrenze um 280 m höher liegt. Der letzte Ausbruch erfolgte im 16. Jahrhundert und dauerte von 1545—66. Die Stadt mit den reinlichen Häusern, die meist nur aus Wohnungen zu ebener Erde bestehen, macht einen freundlichen und wohlhabenden Eindruck. Hinsichtlich architektonischer Schönheit ist nur die Kirche bemerkenswert, die öffentlichen Gebäude haben, wie fast allerwärts in Mexiko, ein nüchternes Äußere, und die Straßen gleichen sich überall, ebenso die Häuser.

In der Umgebung von Orizaba findet sich viel Stoff zu Volksstudien, unverfälschtes mexikanisches Leben der unteren Schichten der Bevölkerung läßt sich da in so reichem Maße beobachten wie an wenig anderen Orten.

Sobald wir Orizaba mit der Mexican-Railway verlassen haben, beginnt die Bahnlinie stark zu steigen, und die Vegetation gestaltet sich weniger üppig. Die kolossale Lokomotive mit doppelten Kesseln und dementsprechend mit zwei großen Rauchköpfen pustet und schnaubt gewaltig, während sie den Berg in beständiger Steigung von 5 Prozent emporklimmt. Die Felswände türmen sich höher und höher übereinander; unglaublich erscheint es uns, daß der Eisenbahnzug noch alle die Berge überwinden soll, die sich in der Ferne zeigen. Große Umwege sind nötig, um ohne Zahnrad die Gebirgskette zu übersteigen, unendliche Schwierigkeiten mußte die Technik beseitigen. Langgestreckte Schlangenwindungen wechseln mit so scharfen Kurven ab, daß wir oft das andere Ende des Zuges erblicken, ohne uns aus dem Fenster zu biegen. Jetzt ist uns eine grauenhafte Schlucht zur Seite, dicht am Rande einer schwindelhaften Tiefe geht der Schienenstrang entlang. Eine kühne, eiserne Brücke bringt uns über diesen Cañon, genannt Infernillo (die Hölle), hinweg. Gleich darauf bietet sich tief hinunter in das Tal, aus dem wir aufgestiegen sind, eine Aussicht von berückender Schönheit und Großartigkeit, während der Blick in die Ferne begrenzt ist von den schöngeschwungenen Linien des Gebirges. Auch die Mexican-Railway rechtfertigt ihren Ruf als eine der großartigsten Bahnanlagen der Welt, während der dreistündigen Fahrt auf der Strecke Cordoba-Esperanza kommt der Reisende keinen Augenblick aus der Bewunderung der abwechslungsreichen Szenerie heraus.

Wir treten nun in ein neues Hochtal ein und gelangen bald darauf nach der Station Maltrata in einer Höhe von fast 2000 m. Dieser kleine Ort ist rühmlich bekannt wegen der wundervollen und seltenen Orchideen, die von den Indianern den Reisenden hier für einen Spottpreis angeboten werden, Pflanzen, die in unserer Heimat eine Kostbarkeit bilden. Herrliche Früchte von wunderbarer Süßigkeit sind hier in Menge zu haben; Geranien und viele andere wohlriechende Blumen bringen die Kinder und Weiber herbei, denn in dem herrlichen Klima der Ebene von Maltrata fehlt

32. Puebla mit Ixtaccihuatl.

es an nichts, was die Natur bieten kann, um Freude und Genuß zu vereinen.

Immer höher hinauf windet sich die Bahnlinie, immer freier wird die Aussicht! Tausende von Fuß unter uns liegen die Wohnungen und Ortschaften der Menschen wie Spielzeug verstreut, und die Feldarbeiter erscheinen wie kriechende Insekten. Noch immer geht es in schnellem Tempo mit staunenswerter Sicherheit aufwärts, tiefe Abgründe überschreitend, Tunnels durcheilend, bis zu der Mittagsstation Esperanza, den höchsten Punkt der Bahnlinie, etwa 2700 m hoch gelegen. Ein halbstündiger Aufenthalt erfrischt und ein gutes Mittagsmahl kräftigt uns. Nun beginnt der weniger schöne Teil der Fahrt von sechseinhalb Stunden über das mexikanische Hochplateau.

Wenn die Flächen nicht mit Mais bedeckt sind, sondern von der Hitze der regenlosen Zeit das ganze Erdreich in Staub zerfallen ist und dieser vom Wind in Wirbelsäulen gegen den blauen Himmel aufgejagt wird, sind die aus der Ebene aufragenden Berge und hohen Vulkane nur wie durch einen schmutzigen Schleier sichtbar; dann gleicht die Fahrt auf der Ebene entlang einer solchen durch die Wüste. Prangen jedoch die weitgedehnten Flächen der Getreidefelder wie ein großer, grüner Teppich, so ist auch die Fahrt, bis wir in das große Gebiet der Magueypflanzungen gelangen, eine reizende. Die riesigen, nackten Vulkane mit ihren schneegekrönten Häuptern zeigen sich dann in herrlicher Reinheit und bilden einen wundervollen Gegensatz zu der üppig grünenden Natur zu deren Füßen. Bei Apizaco erreichen wir die Station, wo die Bahnlinie nach Puebla abzweigt, während wir die Hauptstadt über Apam erreichen.

Von Mexico City über Puebla nach Veracruz.

Wir benutzen auf dieser Tour bis nach Puebla wieder die Mexican-Railway, die uns mit dem Expreßzug in 3½ Stunden dahin bringt, und werden auf der Fahrt Gelegenheit nehmen, uns diesen historischen Ort mit seiner Umgebung näher zu betrachten. Die Bahn führt zunächst auf der alten Straße nach Guadalupe entlang, wo wir die gegen 300 Jahre alten Leidensstationen bemerken, an welchen die zahlreichen Pilger ihre Gebete auf dem Wege nach der heiligen Stätte verrichten. Bald wird unsere Aufmerksamkeit von der sich im Weiterfahren immer prächtiger entfaltenden Aussicht auf die beiden mächtigen Vulkane Popocatepetl und Ixtaccihuatl gefesselt. Hat man auch diese beiden Berge während der Reisen auf dem mexikanischen Hochplateau oft gesehen, so wird man doch nicht müde, den Blick immer wieder auf jene Gewaltigen schweifen zu lassen, die hocherhobenen Hauptes ungezählte Jahrtausende an sich vorüberziehen, unbekannte Geschlechter zu ihren Füßen entstehen und vergehen sahen. Es ist nicht der Umstand allein, daß die riesenhaften Gestalten zu den höchsten Bergen der Welt gehören, daß wir immer wieder mit Bewunderung auf dieselben schauen, es ist die ungeheuere Wirkung die in ihrer Isoliertheit, in der unnahbaren Majestät liegt. Hätten wir eine große Gebirgskette mit zahllosen Gipfeln wie in den Alpen vor uns — der Eindruck des Ungeheuerlichen, dem wir hier förmlich erliegen, würde gänzlich verloren gehen. Auf der unermeßlichen Ebene stehend, bannt uns die bezwingende Ruhe und Überlegenheit in ihren Kreis, unser Interesse wird außer von der Schönheit ihrer Gestalt unwiderstehlich angezogen von dem Geheimnisvollen, das ihr Inneres birgt.

Die Fahrt geht bei der Station Teotihuacan und weiterhin an den beiden Pyramiden, genannt Sonne und Mond, vorüber, die, von der Ferne gesehen, mehr den Eindruck von Hügeln machen, da sie mit Gebüsch vollständig bewachsen sind; die scharf geschnittene Pyramidenform haben sie verloren. Über den Zweck dieser Bauwerke, die aus der vortoltekischen Zeit stammen, haben wir bereits weiter vorn gesprochen. Ihre Höhe beträgt etwa die Hälfte der Cheops-Pyramide zu Kairo.

Weiterhin berühren wir die Station Otumba, die Stätte, wo die Niederlage der Spanier unter Cortez in der sogenannten Noche triste (traurige Nacht) in der Schlacht des 8. Juli 1520 erfolgte, nachdem die Mexikaner, empört durch die unerhörten Grausamkeiten der Spanier, diese aus der Hauptstadt nach achtmonatiger Vergewaltigung wieder vertrieben hatten. Zur Erinnerung an jene Nacht befindet sich an der Stelle, wo Cortez während der Zeit weilte, ein mächtiger Baum, der zwar vom Alter noch nicht gebeugt, aber von den Unbilden des Wetters schwer geschädigt worden ist.

Weiterhin eröffnet sich der freie Blick auf die eisbedeckten Bergriesen Malinche und Orizaba, die auf hunderte von Kilometern in der Runde die ganze Gegend beherrschen. Abgesehen von diesen hochauf gen Himmel strebenden Vulkanen sind die Gebirgsketten, die fast überall bis zu den runden Gipfeln hinauf mit Maguey bewachsen sind, nur mäßig hoch. Diese Pflanze, bei uns unter dem Namen Aloë bekannt, bedeckt, in gleichmäßigen Abständen voneinander angepflanzt, nach allen Richtungen hin, soweit das Auge reicht, die sandige, öde Gegend. Aus dem Maguey wird das Nationalgetränk der Mexikaner, Pulque, gewonnen, und dieses bildet einen Industriezweig von außerordentlicher Bedeutung. Jede Nacht zwischen 1—3 Uhr werden aus den Pulque-Distrikten der Umgegend der Hauptstadt besondere Züge abgelassen, um mit großer Eile den am Tage eingesammelten Saft zur Verwendung zu bringen. Die Maguey-Pflanze blüht nur einmal während ihres Lebens und treibt dann einen riesenhaften Stengel mit Blüten besetzt, der 4—5 Meter hoch in die Luft ragt. Ist die Pflanze im Begriff zu blühen, so wird der Stengel ausgeschnitten und die entstandene Schnittfläche napfförmig ausgehölt, damit sich in der Vertiefung der Saft ansammeln kann. Ein Mann mit einem länglichen, ausgedörrten Flaschenkürbis, der an jedem Ende ein kleines Loch hat, senkt das untere Ende in den Saft und saugt an der oberen Öffnung, bis der Kürbis gefüllt ist (Bild 8). Ein schweinslederner Sack, den der Mann auf dem Rücken trägt, nimmt den Saft auf. Jede Pflanze gibt, bis ihre Triebkraft erschöpft ist, 5 bis 10 Liter Saft täglich, dann stirbt sie, wird ausgerodet und durch eine junge Pflanze ersetzt, die erst in etwa 10 Jahren blüht. Karren mit Fässern nehmen die gesammelte Pulque in Empfang und bringen diese nach der Hazienda, wo sie in einigen Stunden abgärt, dann ist sie zum Trinken fertig. Große Eile tut bei dem ganzen Geschäft not, denn 24 Stunden nach Gewinnung der Pulque muß dieselbe schon getrunken sein; dafür sorgt der Mexikaner aber auch gründlich, denn er liebt dieses stark berauschende Getränk sehr.

33. Eine Volks-Wäscherei in Mexiko.

Puebla.
(Aus „Mexiko, Land und Leute", von E. v. Hesse-Wartegg.)

Ist Pulque älter als einen Tag, so soll sie nicht mehr gut sein, uns ist sie jedoch auch frisch abscheulich vorgekommen. Als wir Apam passierten, ein Ort, der wegen der vorzüglichen Qualität dieses schleimigen Getränkes berühmt ist, beeilten sich viele der Mitreisenden den Verkäuferinnen einen Topf voll abzunehmen, waren aber schon mit einem Schluck zufrieden. Man muß wohl im Lande geboren sein, um sich an dem buttermilchigen Getränk erfreuen zu können. Auch die Wurzeln und Blätter des Maguey werden verwendet, man destilliert daraus die Liköre „Tequila" und „Mescale", recht gute, aber ziemlich starke Getränke. Die Station Apizaco ist nur von Interesse in bezug auf bunte, geschnitzte Stöcke, die hier in Massen feilgeboten werden, aber bei Santa Ana gewinnt die Landschaft an Reiz, und bald darauf fahren wir in Puebla, der Hauptstadt des Staates gleichen Namens, ein. Die Stadt der Engel wurde früher infolge einer Legende Puebla genannt; sie ist 120 km südöstlich von Mexiko City entfernt, 2170 m über Meereshöhe gelegen und gehört zu den schönsten Städten des Landes. In bezug auf Industrie und Handel nimmt die

Stadt einen bedeutenden Rang ein. Um einen herrlichen Überblick über die Stadt und Umgegend, mit den Vulkanen Popocatepetl und Ixtaccihuatl im Westen und dem Orizaba im Osten, zu bekommen, mache man möglichst zeitig am Morgen einen Spaziergang nach dem unbedeutenden Fort Cinco de Mayo, und zwar wähle man den Weg über die Promenade Paseo de San Francisco. Auf den kleinen Anhöhen angelangt, entfaltet sich zu Füßen des Beschauers ein wunderbares Bild. Im Hintergrunde dominieren die kolossalen Vulkane und bilden einen eigenartigen Gegensatz zu der ringsherum ausgedehnten reichen Vegetation. Die Stadt blitzt und blinkt im bunten Schimmer glasierter, farbiger Ziegel, die in Puebla massenhaft hergestellt werden. Nicht nur die Dächer zahlreicher Kirchen, sogar die Fassaden vieler Häuser sind damit belegt. Auch die Mannigfaltigkeit im äußern farbigen Anstrich der Kirchen und Gebäude lassen das Stadtbild ungemein lebhaft und freundlich erscheinen. Schon die herrliche Aussicht über die schöne Stadt lohnt im reichen Maße einen Aufenthalt in Puebla, der denkwürdigen Stätte heißer Kämpfe. Am 5. Mai 1862 erlitten die Franzosen hier durch den mexikanischen General Zaragoza eine empfindliche Niederlage, aber am 18. Mai des folgenden Jahres mußte sich die Stadt ergeben. Der Erinnerung dieses tapferen Feldherrn ist ein Denkmal gewidmet, an dem wir auf unserm Wege vorbeikommen.

Einen angenehmen Eindruck macht die Sauberkeit Pueblas, und manches Interessante bietet sich uns bei der Wanderung durch die in gerader Richtung angelegten Straßen. Alle nur erdenklichen Waren sind da auf und neben dem Trottoir ausgebreitet: Töpferei- und Eisenwaren sowie zahlreiche Luxusartikel, wie Halstücher, Kragen usw., sehen wir auf einfachen Teppichen kunstvoll aufgebaut. Der Verkäufer wird nicht müde, Gegenstände, die fortwährend vom Winde umgeblasen werden, wieder aufzurichten. Zahlreich vertreten sind auf freier Straße Händler mit Süßigkeiten, sowie Weiber mit gekochten und gebratenen Nahrungsmitteln; der Schmutz und Staub, der sich auf diesen Delikatessen den Tag über ablagert, ist kein Hindernis, daß sie lebhaft begehrt und mit größtem Appetit verzehrt werden. Wunderhübsche Gegenstände aus Onix sind hier wohlfeil zu haben, sie bilden eine Spezialität Pueblas. Eine Zierde der Stadt ist die Plaza; die ganze Südseite nimmt der Monumentalbau der Kathedrale ein. Dieselbe ist im Innern mit kunstvollen Schnitzereien aus kostbaren Hölzern und Onix reich ausgestattet. Außer der wundervollen Orgel ist der Altar besonders hervorragend, zu dem der einheimische Künstler Manuel Tolsa die feinsten Marmor- und Onixsorten verwendet hat. Die Kosten dieses Prachtstückes, dessen Ausführung 30 Jahre in Anspruch nahm, betrug hunderttausend Dollars.

Die Damen zeigen sich selten auf den Straßen, doch sieht man das schöne Geschlecht nach Sonnenuntergang auf den halbverdeckten Balkonen der einstöckigen Häuser und hinter den starken Eisengittern der Parterrewohnungen; manche malerische Gruppe bekommt man da zu sehen.

Die Weiterreise erfolgt nun mit der Ferrocarril Interoceanico. Wir fahren zuerst durch eine wenig anziehende Gegend, nur in der Ferne sehen wir immer die Vulkane. Weiterhin senkt sich die Bahnlinie, und alsbald ändert sich die Szenerie. Üppige, hochaufstrebende Kakteen mit stattlichen Palmen untermischt bedecken oft ganze Hügel. Plötzlich erreichen wir die Oja de Agua, eine außerordentlich wasserreiche Gegend, wo große Viehherden seitwärts des Bahndammes dahinziehen, um zur Tränke zu gehen. Die Abflüsse von dem Gebirge sammeln sich in dieser Niederung und machen das Tal sehr fruchtbar. In großen Bogen mit $2^1/_2$ prozentiger Neigung zieht sich die Bahnlinie talwärts, um die ungeheuere Höhendifferenz von etwa 2500 m zwischen

Puebla und Veracruz zu überwinden. Weit hinaus schweift der freie Blick über mächtige, sich in der Tiefe öffnende Täler, eingerahmt von unabsehbaren Gebirgsketten. Durch reich bewaldete Berggegend, subtropische Niederungen und an malerischen Hüttendörfern entlang schlängelt sich der Zug. Scharfe Kurven wechseln ab mit fast kreisförmigen Windungen. Wenn vom Tal herauf kein Nebel zieht, ist die Aussicht bis nach Jalapa hinunter außerordentlich großartig, leider aber kommt es bei Nordwind nicht selten vor, daß die Fahrt durch dicken Nebel geht.

In Jalapa befinden wir uns nur noch 1320 m hoch. Die Station liegt fast mitten im Walde, die ganze Umgebung prangt in wundervollem Blumenflor. Wenn irgend möglich, soll man hier verweilen; die kleine Stadt mit den steil bergauf und bergab führenden Straßen, ihren eigenartigen niedlichen Häuschen mit den weit vorspringenden Dächern sieht so altertümlich aus, daß man glauben könnte, in eine ältere Zeit zurückversetzt zu sein. Die öffentlichen Wäschereien in Mexiko bieten an vielen Orten interessanten Unterhaltungsstoff. Da die ärmeren Leute oft nur ein einziges Hemd ihr eigen

Häuser in Jalapa.

nennen, warten sie gleich nach erfolgter Reinigung auf das Trocknen des Wäschestückes, und die Kinder benutzen die Zwischenzeit zum Baden. Ein schattiges Plätzchen am Rande des Baches ist leicht zu finden, wo sich das Volk zum Waschen und Baden vereinigt, um unter Lachen und Scherzen der Arbeit die heitere Seite abzugewinnen. Eine unendliche Fülle origineller, reizender Szenen spielen sich da unaufhörlich ab, denen zuzuschauen man nicht müde wird. Auch Jalapa hat solch ein idyllisches Plätzchen aufzuweisen, das dem Fremden reichen Stoff für sein Skizzenbuch liefert (Bild 33). Die Häuschen haben fast stets nur eine Wohnung zu ebener Erde mit sehr großen, bis auf den Fußboden reichenden, vergitterten Fenstern, und doch gibt es weit und breit keine Banditen mehr. Die gefängnisartige Sicherung wurde noch aus der früheren Zeit beibehalten, als gefährliches Raubgesindel herumzog; jetzt sind die Gitter meist nur aus Holz.

Es sieht romantisch aus, wenn eine hübsche Jalapenin hinter den vergitterten Fenstern gleich einer Gefangenen schmachtet, während der Geliebte auf der Straße stehen muß, wenn er seiner Holden Liebesworte zuflüstern will, oder wenn er auf der Guitarre klimpert und die Geliebte ansingt. Ja, man hat hier noch nicht alle Romantik verloren, die Einwohner von Jalapa lieben die Musik und halten auch auf ein langes Werben um die Dame ihres Herzens. Der Verehrer muß mindestens ein halbes Jahr vor der Wohnung der Auserwählten flanieren, er kann seine Liebesschwüre alle Abende nur durch das Gitter der dahinterstehenden Señorita wiederholen. Er muß es schon als eine große Gunst betrachten, wenn er die begehrte Hand in der seinigen halten darf.

Sind auch die Häuser von außen unscheinbar, so sind sie doch sehr nett und sauber eingerichtet, durch die geöffneten Türen und Fenster erblickt man überall reizende

Gärten mit prachtvollen Blattpflanzen und einer glühendfarbigen Flora. Auch die ärmlichsten Häuser haben auf der Rückseite ihre Gärten, in denen die Kinder ein beneidenswertes Dasein führen. Wenn man am Abend durch die stillen Straßen wandert, so klingt überall Gesang, Klavier- oder Guitarrespiel aus den Wohnungen; ja, es kann leicht vorkommen, daß man beim Barbier, oder wenn man etwas kauft, dabei durch Saitenspiel und Romanzengesang unterhalten wird. Die Jalapeninnen lassen sich nicht viel auf der Straße sehen, sie stehen aber im Rufe großer Schönheit, ob dies gerechtfertigt ist, haben wir nicht entdecken können.

Eine schöne, altertümliche Kathedrale ziert die mit hübschen Anlagen versehene Plaza de Armas, und die Stadt, im Westen überragt von dem Gebirge des mexikanischen Hochlandes, gewährt von der Höhe hinter der Alameda aus gesehen einen entzückenden Anblick.

Wagen existieren in Jalapa nicht; das neben dem Trottoir herlaufende Staßenpflaster ist von solcher Beschaffenheit, daß eine Kutsche nicht weit kommen würde ohne in Trümmer zu gehen, außerhalb der Stadt aber sind die Straßen kaum als solche zu betrachten. Ein Spaziergang in den Wäldern der Umgebung ist in den frühen Morgenstunden von wunderbarem Reiz; wenn die Natur noch im Morgentau schimmert, die zahlreichen exotischen Vögel ihre für uns ganz neuen Laute ertönen lassen, die reine Luft noch kühl ist und erfrischend wirkt, da geht das Herz auf, und man gewinnt die Überzeugung, daß die üppige Wildnis der Tropen ganz unvergleichlich schöner ist als unsere Wälder des Nordens — hier Glanz, Freude, Lust und Jubel ringsumher, im Norden ernste Stimmung und Schwermut.

Bei der Weiterfahrt von Jalapa nach Veracruz schlängelt sich der Eisenbahnzug durch schön bewaldete Täler zwischen einer Menge mächtiger Anhöhen entlang; der Bau von Tunnels ist hier fast gänzlich vermieden worden, eine große Annehmlichkeit für die Passagiere, da die Wärme es wünschenswert erscheinen läßt, alle Fenster der Waggons immer offen zu halten. Nun eilt der Zug hinab in eine ganz tropische Region; die Schlingpflanzen hängen von den laubreichen Bäumen herab, Schmarotzergewächse klammern sich überall an dieselben. Nach und nach treten wir in einen äußerst wasserarmen Distrikt ein, der außer der Regenzeit einen entsetzlich öden Eindruck macht; alle Bäume sind vertrocknet, das Gras verbrannt. Der Pico de Orizaba bleibt hier lange Zeit in Sicht. Bald jedoch, vor El Palmar, umgibt uns wieder eine wilde, schöne Landschaft; an prächtig bewachsenen tiefen Schluchten entlang windet sich die Bahn, der Ebene zustrebend. Die Bergkulissen schieben sich dicht hintereinander, und die weiten Bogen der Bahnlinie erblicken wir bei Colorado über und unter uns. Wie mächtig die Triebkraft der tropischen Gelände ist, kann man am besten daran erkennen, daß in den von Brand verheerten Flächen oft Palmen sichtbar sind, deren Stämme das Feuer zwar angekohlt hat, deren Lebenskraft es aber trotzdem nicht zu vernichten vermochte. Die Berge flachen sich endlich ab, doch noch mächtige Umwege sind nötig, um die Ebene zu erreichen. In der Tiefe angekommen, verliert die Landschaft sofort an Interesse. Die Schönheit liegt hinter uns, kahle Bäume, verdorrter Boden, brennende Hitze ist der Ersatz. Bei dem kleinen Orte San Francisco erscheinen nach der traurigen Einöde nicht unbedeutende Flüsse, und sofort steigert sich wieder die Fruchtbarkeit, weitgestreckte Bananenpflanzungen machen sich bemerkbar. Wir nähern uns nunmehr der Ebene von Veracruz, die Berge sind unseren Blicken entschwunden.

Von Mexico City nach El Paso.

Sehr viele Touristen, die nach Mexiko kommen, werden die Republik nicht von New York aus besuchen, sondern die direkten Schnelldampfer der Hamburg-Amerika Linie nach Mexiko benutzen und sich später nach Kalifornien wenden, um dieses Paradies auf Erden kennen zu lernen. Wir halten es daher für angezeigt, auch der Strecke Mexiko City-El Paso noch eine Besprechung zu widmen.

Die Eisenbahnfahrt bis El Paso ist eine ziemlich lange, denn die Entfernung beträgt 1971 km; zwei Tage und zwei Nächte müssen wir uns im Schlafwagen häuslich einrichten, bis wir die Grenze der Vereinigten Staaten erreichen. Wir hatten jedoch nicht die Absicht, die ganze Strecke hintereinander abzufahren, denn im nördlichen Teile Mexikos befindet sich mancher Ort von größerer Bedeutung, an dem es sich lohnt, Station zu machen. Da der Schnellzug die Hauptstadt am Abend verließ und wir die Strecke bis nach Aguas Calientes bereits kannten, welcher Ort erst am andern Morgen erreicht wird, so konnten wir uns der Nachtruhe hingeben, ohne befürchten zu müssen, etwas Sehenswertes zu versäumen. Aber auch bei der Weiterfahrt bot sich unsern neugierigen Blicken, die suchend über die Gegend hinschweiften, nichts Besonderes. Die ganze Landschaft ist mit einer dicken Staubschicht überzogen, man erkennt sofort, daß alles ringsumher lange Zeit den glühenden Sonnenstrahlen ausgesetzt gewesen ist. Hin und wieder lassen sich Gebirgszüge sehen, aber sie sind öde und kahl, wie die Ortschaften, an denen wir vorüberfahren. Auffallend viele Bettler stehen an allen Stationen, vom kleinsten Kinde bis zum ältesten Greise tönt uns der Ruf „uno Centavo" entgegen; die kleinen Kinder lernen diese zwei Worte, die sie zum Bettlerhandwerk befähigen, viel früher sagen, als „Vater" und „Mutter". Nach 17stündiger Fahrt erreichen

34. Reicher Mexikaner im Reitkostüm.

wir Zacatecas, wohin die Lokomotive Arbeit genug hat, hinaufzukommen. Diese Stadt liegt in einer Höhe von 2450 m, also noch gegen 200 m höher als die Hauptstadt. Kurz bevor wir in Zacatecas einfahren, sehen wir in der Tiefe den Ort Guadalupe liegen; die hier befindliche Kirche ist ihrer hervorragenden inneren Ausstattung wegen sehr berühmt. Der Altar enthält in lebensgroßen Figuren und schöner Ausführung die Kreuzigung Christi; die plastische Gruppe wird durch ein dahinter befindliches Gemälde, den Calvarienberg darstellend, wundervoll gehoben. Die Kirche ist stets sehr besucht, das betende, auf den Knien liegende Volk macht es oft schwer, das Innere zu besichtigen.

Die Straße von Zacatecas nach Guadalupe ist so steil, daß die Straßenbahnwagen, stark gebremst, die Strecke von 10 km von selbst hinunterrollen, den Maultieren wird dann die sauere Arbeit des Hinaufziehens zuteil.

Bei der Annäherung an Zacatecas, der Hauptstadt des Staates gleichen Namens, mit 32856 Einwohnern (1900) erblicken wir schon lange vorher Minenbauten neben riesigen Mengen ausgeworfenen Gesteins und großen Göpelwerken, dann schließt sich die reizend im Tale gelegene Stadt mit ihren stattlichen Kirchen an, ringsherum prächtig eingerahmt durch hochaufstrebende Berge. Die Végetation beschränkt sich an den Stellen, wo nicht künstlich nachgeholfen wurde, hauptsächlich auf die Dumpalme und den Nopalkaktus, die Gärten und öffentlichen Anlagen aber sind reich an schönen Blumen und Laubholzbäumen. Der Blick von der hochliegenden Bahnstation aus, hinab auf das sich im Tal ausbreitende Zacatecas ist überraschend schön, und man kann auch Wohlgefallen an der Stadt finden, wenn man nicht Mitbesitzer der reichen Silberminen ist. Die Bergwerke dieses Ortes sind mit die ältesten in Mexiko, denn hier wurde Silber bereits im Jahre 1585 von Juan de Tolosa aufgefunden; die Ausbeute seit dieser Zeit beziffert sich auf Tausende von Millionen mexik. Dollars.

Die größte Sehenswürdigkeit der Stadt ist die Kathedrale, mit deren Bau im Jahre 1612 begonnen wurde. Die wundervolle Fassade ist ein Meisterwerk alter Bildhauerkunst, die reiche Ornamentik eine Arbeit, die mit staunenswertem Fleiß und großem Geschmack ausgeführt worden ist.

Sobald wir Zacatecas verlassen, entschwindet der Blick auf die Stadt, denn unmittelbar hinter der Station beginnt die Talfahrt. Langgezogene, hufeisenförmige Windungen bringen uns schnell nach tiefer gelegenen, wenig bedeutenden Ortschaften, von denen nur Fresnillo, eine Stadt, die früher wesentlich bevölkerter als jetzt war, einigermaßen wichtig ist. Große Minen, die durch eine Überschwemmung in argen Verlust kamen, beschäftigten früher eine Menge Arbeiter.

Wir nähern uns nun wieder der heißen Zone, und die Fahrt ist durchaus nicht angenehm. Hoch gen Himmel aufsteigende Staubwirbel ziehen langsam vorwärts, bis sie sich nach einiger Zeit wieder auflösen und zusammensinken. Bei Guitierrez überschreiten wir den Wendekreis des Krebses, doch wenn man glauben würde, nun in nördlicher Richtung bald ein kühleres Klima anzutreffen, so irrt man sich sehr, es wird im Gegenteil beständig heißer, weil wir immer mehr talwärts fahren. Wenn wir

Kathedrale zu Zacatecas.
(Aus „Mexiko, Land und Leute“, von E. v. Hesse-Wartegg.)

nach 9stündiger Reise von Zacatecas in Torreon einfahren, befinden wir uns um 1300 m niedriger. Wir hatten auf dieser Fahrt durch den Staub außerordentlich zu leiden; wenn die Waggons auch oft ausgefegt und gewischt wurden, der feine Staub war in kurzer Zeit wieder durch alle Ritzen gedrungen, hatte die Sitze und das Handgepäck mit einer dicken Schicht überzogen. Die ursprüngliche Farbe der Kleider war nicht mehr zu erkennen, Gesicht und Hände, kurz alles war mit Staub krustiert. Die Hitze machte es unmöglich, die Fenster fortwährend geschlossen zu halten, hin und wieder mußte Durchzug gemacht werden, aber mit der leichten Brise strömte regelmäßig eine schreckliche Staubwolke in den Wagen.

Gern verließen wir, in Torreon angekommen, den Eisenbahnzug, in dem der Aufenthalt nachgerade unausstehlich geworden war, und unterzogen uns schleunigst einer gründlichen Reinigung. Die Stadt besteht erst seit 14 Jahren, ist aber in raschem Aufschwunge begriffen, sie besitzt schon jetzt eine ganze Reihe bedeutender industrieller Unternehmungen. Torreon ist besonders deswegen wichtig, weil sich hier die Kreuzung der Mexican-Central- mit der International R. R. vollzieht, wodurch nicht nur die direkte Verbindung über Eagle-Pass mit den Vereinigten Staaten, sondern auch vom Südwesten her die mit Durango hergestellt ist. Sobald noch die Strecke bis Mazatlan ausgebaut sein wird, bildet diese Route eine vorzügliche Verbindung nach der Küste des pazifischen Ozeans. Außerdem ist Torreon noch durch die Eisenbahn mit Monterey verbunden, welch letztere Stadt wir schon auf der Fahrt von Laredo nach der Hauptstadt (Seite 57) kennen gelernt haben. Torreon ist in weitem Umkreise von einer Bergkette eingerahmt, deren Minenreichtum ein ungeheurer ist.

Bevor wir in nördlicher Richtung weiterreisen, unternehmen wir noch mit der International R. R. einen Abstecher nach Durango (mit 31092 Einw.), am Fuße der Iron-Mountains gelegen. Die schöne Stadt verdankt ihren Reichtum der Entdeckung der Minen von Guarisamey. Einen wichtigen Faktor für Durango bietet die Gewinnung von Eisen; der im Norden der Stadt dem Reisenden bei seiner Ankunft sofort auffallende Berg ist so reich an vorzüglichem Eisenerz, daß die ganze Welt auf Hunderte von Jahren damit versorgt werden könnte. Die Geschichte der Entstehung Durangos ist nicht uninteressant; vor langen Jahren befand sich an der Stelle, wo die jetzige Stadt steht, einzig ein Rancho von allerdings sehr bedeutender Ausdehnung. Der Eigentümer desselben war lediglich deswegen bemüht, Ansiedler heranzuziehen, um gemeinsam mit diesen besser gegen die sich oft wiederholenden Überfälle der Indianer vorgehen zu können. Im Laufe der Zeit entdeckte er eine Mine auf seinen Ländereien, die ihm in kurzer Zeit unermeßliche Reichtümer verschaffte, so daß er sogar durch ein Geschenk von zwei Millionen Dollars an den König von Spanien die Erlaubnis erkaufen wollte, eine Säulenhalle von Silber vor seinem Hause errichten zu dürfen, was ihm indessen verweigert wurde. Er beschloß nun trotzdem ein Zeichen seines ungeheuern Reichtums zu geben und verfiel auf den Gedanken, bei Gelegenheit einer Taufe die ganze Straße mit Silber pflastern zu lassen, ein Verfahren, das zwar allgemein großen Beifall fand, aber für die Haltbarkeit der Straße nicht gerade zweckdienlich gewesen sein soll.

Durango besitzt viele bedeutende Handelshäuser, darunter mehrere deutsche; die Stadt macht entschieden den Eindruck der Wohlhabenheit. Eine stattliche Anzahl ornamentaler Kirchen heben das Gesamtbild der ausgedehnten Stadt wesentlich, über die man von dem Hügel mit der Kapelle los Remedios einen guten Überblick genießt. Jährlich am 8. September findet eine Wallfahrt zahlreicher Pilger nach derselben statt, da jedem an diesem Tage dort Betenden sieben Jahre Fegefeuer erlassen werden.

Die Gegend zwischen Torreon und Durango ist infolge der starken Steigung hochinteressant, der Höhenunterschied beträgt 800 m; besonders angenehm ist es, daß man auf dieser Strecke nicht so arg vom Staub belästigt wird.

Nach Torreon zurückgekehrt, nahmen wir noch daselbst Aufenthalt, um das großartige Unternehmen der Cia. Metalurgica de Torreon in Augenschein zu nehmen, deren Silberschmelze vor einigen Jahren in Betrieb gesetzt wurde. Die ergiebigen Minen, welche ringsum in den Gebirgen liegen, liefern das Erz in reichem Maße.

Bei der Weiterfahrt begeben wir uns wieder auf das Gebiet der Mex. Centr. Ry. und benutzen einen abends abfahrenden Zug, da die Landschaft, die wir durcheilen, gar kein Interesse bietet. 23 km von Torreon entfernt berühren wir die Station Noe, wo sich in unmittelbarer Nähe (in Mapimi) die ungeheuer reichen Minen de Peñolas befinden. Ein Ausflug dahin, verbunden mit einer Besichtigung der Minen, ist sehr lohnend; die ganze Anlage, unter deutscher Leitung, ist eine mustergültige; der Besitzwert stieg binnen wenigen Jahren um das 40fache. Wir passieren von nun an selten Landstriche mit etwas Vegetation, die Gegend ist weit und breit sehr trocken; ewig blauer Himmel und drückende Hitze umgeben uns allerwärts, die Ferne ist begrenzt durch kahle Anhöhen.

Unsere nächste Station ist Chihuahua, die wir nach 12stündiger Reise von Torreon erreichen. Die Stadt ist in großem Umkreise von einer sich weitausdehnenden, stattlichen Gebirgskette umrahmt — einige der hübsch geformten Berge erstrecken sich bis dicht an die Stadt. Glänzender Sonnenschein strahlt herab von dem tiefblauen Horizont, der das weit ausgebreitete Tal überwölbt. Chihuahua, in 1412 m Höhe gelegen, ist jetzt eine Stadt mit etwa 30000 Ein-

Kathedrale zu Chihuahua.
(Aus „Mexiko, Land und Leute“, v. E. v. Hesse-Wartegg.)

wohnern, doch gab es eine Zeit, wo deren Zahl mehr als das Dreifache betrug. Dies soll im 18. Jahrhundert, zur Zeit der höchsten Blüte des Bergbaues in der Mine Sa. Eulalia gewesen sein, als Chihuahua die Residenz des Generalkapitäns der Provinz war. Die Stadt ist mit ihren vielen Gärten gleich einer Oase in der Wüste; in ihrer Mitte blühen die Rosen, und in der nächsten Nähe treffen wir Orangenwaldungen an, aber reiten wir weiter hinaus in die Umgebung, umfängt uns ein unermeßliches Gebiet trostloser Öde. Die Einwohner des Staates gleichen Namens, der im N. und NO. an die Vereinigten Staaten angrenzt, sind nur zum kleinen Teil Weiße, die Mehrzahl besteht aus seßhaften Indianern und Mestizen, der Rest sind unzivilisierte Indianer, namentlich räuberische Apachen und Comanchen, die jagend und raubend herumziehen. Chihuahua besitzt eine prächtige, ornamentale Kathedrale, die mit der anstoßenden schönen Plaza eine Hauptzierde des Ortes bildet. Hier zentralisiert sich der Verkehr; würdig zur Seite stellt sich die in der Nähe gelegene reizende Plazuela mit dem Gouvernements-Palast und dem Theater. In der Mitte des Platzes ist dem Andenken des am 31. Juli 1811 hingerichteten Priesters Hidalgo ein würdiges Monument errichtet worden. Auf hoher Säule steht der für die Unabhängigkeit gefallene Held, während am Piedestal die Statuen seiner kurz vor ihm gemordeten Kompatrioten stehen. Unweit befindet sich die obenerwähnte so ergiebige Silbermine Santa Eulalia, der das Hauptverdienst an der Erbauung der Kathedrale zukommt. Während der Jahre 1717—89 zahlte diese zu dem Bau der Kirche von jedem Pfund gewonnenen Silbers den Betrag von 25 Cents an den Klerus, im ganzen eine Beisteuer von 800000 Pesos.

Wenn man in der nächsten Nähe Chihuahuas einen Spaziergang unternimmt, wird man viele bettelnde Indianer antreffen, die, nur mit wenigen Lappen bekleidet, einen erbarmungswürdigen Eindruck machen. Die Männer sind gewöhnlich nur mit einem kümmerlichen Schurz versehen und tragen als einzige Zierde einen irgendwo aufgelesenen alten Strohhut, während die Frauen einige Lumpen um die untere Körperhälfte geschlungen haben; die Kinder sind von jeglichem Luxus einer Gewandung befreit. Es macht einen betrübenden Eindruck, zu sehen, wie entsetzlich verkommen diese ehemaligen Herren des Landes sind, wie erbärmlich sie ihr Dasein fristen müssen.

Bis zur Grenze der Vereinigten Staaten haben wir nun nur noch eine Eisenbahnfahrt von acht Stunden zu überstehen, die absolut nichts Sehenswertes mehr bietet. In der Grenzstation Juarez angekommen, hat man vor dem Verlassen der Republik Mexiko sich noch einer Zollrevision zu unterziehen, eine Belästigung, die glücklicherweise nicht in vielen Ländern üblich ist.

Unmittelbar hinter der Station wird der Rio Grande auf eiserner Brücke überschritten. Wer diesem unbedeutenden Flusse den so anspruchsvollen Namen gegeben hat, mag ja wohl seine Gründe dafür gehabt haben, wir waren jedoch nicht imstande, etwas Großartiges an demselben zu finden.

Über Kuba nach Hamburg.

Nach den ungeheuern Eisenbahnfahrten durch die Vereinigten Staaten und die Republik Mexiko sahen wir einer längeren Seereise mit großer Freude entgegen, denn nichts wirkt auf Geist und Körper erfrischender und wohltuender als ein ausgedehnter Aufenthalt auf See. Es waren in der letzten Zeit so viele neue Eindrücke auf uns eingestürmt, daß wir das Bedürfnis nach Ruhe fühlten, um all das Fremdartige nochmals zu überdenken, im Geiste zu verarbeiten. Wo gäbe es dazu eine bessere Gelegenheit, als auf einer mehrwöchentlichen Seefahrt, die auf unsere Nerven so ungemein beruhigend wirkt, auf der wir uns, inmitten alles nur wünschenswerten Luxus, ganz den stillen Träumereien hinzugeben vermögen, die so geeignet sind, auf alles, was wir auf einer so großen Reise durch die fünf Weltteile gesehen und erlebten, einen verklärenden Schimmer zu verbreiten, alle empfangenen Eindrücke zu vertiefen.

Es war an einem Morgen des Monat März, als wir in Veracruz an Bord des Schnelldampfers Prinz August Wilhelm der Hamburg-Amerika Linie hinausdampften in den sonnigen, blauen Golf von Mexiko, während die Schiffskapelle ihre fröhlichen, heimatlichen Weisen ertönen ließ. Rings um uns her vernahmen wir wieder die solange entbehrten deutschen Laute, deutscher Gruß und deutscher Willkomm tönten uns entgegen beim Betreten des Schiffes. Da begann sich bei uns ein Gefühl zum Herzen zu schleichen, welches wir im Weltgetriebe fremder Länder, das uns immer und immer wieder eine nie endenwollende Fülle von Neuem bot, zu empfinden keine Zeit gehabt hatten; hier auf der Scholle deutschen Bodens kam es zum Durchbruch — das Heimweh! Nicht das schmerzliche, den Menschen mit aller Gewalt nach der Heimat drängende Weh war es, das sich unser hier in der friedlichen Stille bemächtigte,

nein, es war jenes süße Sehnen, das uns umfängt, wenn wir lange Zeit losgerissen gewesen sind von den uns lieb gewordenen Gewohnheiten, getrennt waren von alle den Freunden in der Heimat — von denen wir meist gar nicht wissen, wie lieb sie uns alle geworden sind, solange wir beständig unter ihnen weilen — die Sehnsucht war es, beim Wiedersehen in so manches aufleuchtende Auge zu blicken, manchen freundschaftlichen Händedruck austauschen zu können.

Es ist eine bekannte Tatsache, daß man sich nirgends leichter an andere Menschen anschließt als auf einer Seereise; dies entspringt aus einem gewissen Gefühl der Zusammengehörigkeit. Der Dampfer, der uns auf geraume Zeit beherbergt, führt gesellschaftliches Zusammenleben herbei, denn man sieht und begegnet sich so oft, daß ein Isolieren fast ausgeschlossen ist. Wenn der Dampfer noch so kolossale Dimensionen hat, kann man nicht allen Mitreisenden entrinnen, und da sich schwerlich an einem andern Orte interessantere und vielseitigere Menschen zusammenfinden als auf einem Ozean-Schnelldampfer, so dauert es nie lange, bis sich eine Anzahl kleiner Kreise von Personen gebildet hat, die zusammen passen und sich enger aneinander anschließen. Die erste Bedingung für jedermann, um sich behaglich zu fühlen, ist natürlich eine angenehme Umgebung, ein gewisser Komfort, an den man im Leben gewöhnt ist. Dieser Umstand ist von der Hamburg-Amerika Linie richtig erkannt worden, und demselben im weitgehendsten Sinne Rechnung tragend, gestalteten sich im Laufe der Jahrzehnte die großen Schnelldampfer zu Seepalästen, so daß in bezug auf Komfort überhaupt nichts mehr zu wünschen übrig bleibt (Bild 35). Der auf uns wie auf die meisten Herren die größte Anziehungskraft ausübende Raum war zunächst der Rauchsalon; hier ist auch die beste Gelegenheit, bei einer echten Havana und einem guten Tropfen zwanglosen Gedankenaustausch herbeizuführen. Die Rauch- und Spielsalons von heutzutage sind auf den deutschen Schnelldampfern Räume, von denen sich die Damen nicht mit Grausen abwenden, sie sind freundlich und elegant ausgestattet, der Blick schweift von denselben weit hinaus auf das sonnige Meer, ein idealer Ort für Raucher und wie geschaffen zu fröhlicher Unterhaltung und zeitvertreibendem Spiel. Die Damen haben sich in den behaglichen Boudoirs und Gesellschaftsräumen zusammengefunden, auf Deck haben sich kleine Gruppen zu geselligem Spiel vereinigt, während sich andere, auf dem geräumigen Promenadendeck auf- und abwandelnd, Bewegung und Unterhaltung verschaffen. Eleganz, Schönheit und Behaglichkeit überall, wohin das Auge schaut, in Frohsinn, Heiterkeit oder träumerischer Ruhe fahren die Passagiere dahin, gebadet in die würzige, wunderbare Luft, die über dem Ozean lagert, wie sie reiner, wonniger und milder uns nirgends umfängt als in den sonnigen Breiten der südlichen Meere. Es weitet sich die Brust, verlangend dehnen sich die Lungen, das Auge erstrahlt in ungewohntem Glanz, neues Leben beginnt den ganzen Körper zu durchfluten.

Auf einer Seefahrt, die den gesamten Organismus so außerordentlich kräftigt, hat der seefeste Passagier auch ein ganz hervorragendes Interesse an dem Speisesaal, denn es läßt sich nicht leugnen, hier verlebt er mit die schönsten Stunden der Reise. Was an kulinarischen Genüssen auf den Schnelldampfern geboten wird, haben unsere Mitreisenden bereits kennen gelernt, aber es muß noch einmal erwähnt werden, wie auch dem Umstande im weitgehenden Maße Rechnung getragen worden ist, daß der Genuß an einem hervorragenden Mahle ganz außerordentlich erhöht wird durch eine vornehme, das Auge erfreuende Umgebung. In den Speisesälen der Dampfer der Hamburg-Amerika Linie ist das Hauptaugenmerk darauf gerichtet gewesen, edle, architektonische Wirkung mit vornehmer Eleganz zu verbinden, die von beleidigender Überladung vollständig frei ist.

Unsere Fahrt nach Kuba geht an der nördlichen Spitze Yukatans vorüber, dem Teile Mexikos, der von den Spaniern zuerst entdeckt wurde. Die Urbevölkerung Yukatans besteht aus den noch heute über den ganzen Staat verbreiteten Maya-Indianern, jenem Volksstamme, der schon zur Zeit der spanischen Eroberung auf einer hohen Kulturstufe gestanden hat. An der westlichen Küste der Halbinsel ist die Station Progreso gelegen, welche die Verbindung mit der Hauptstadt des Yukatan, Merida, durch die Eisenbahn herstellt. Dampfer, die hier anlegen wollen, sind bei stürmischem Wetter oft genötigt, in beträchtlicher Entfernung vor Anker zu gehen, da die ganze Küste des Yukatan außerordentlich seicht ist.

Das Klima des Yukatan ist als besonders heiß bekannt, und diesem entsprechend sind die Wohnhäuser eingerichtet, deren Räume auf den ersten Blick hin recht kahl und unbehaglich erscheinen, fast noch unwohnlicher als in den übrigen Städten Mexikos. Die Häuser ähneln mehr denjenigen in den kleineren Orten Kubas; sie sind meist einstöckig, und die Gebäude liegen um den von einer geräumigen Bogenhalle umgebenen Hof, der im herrlichsten Blumenflor prangt. In jenen münden die dämmerig gehaltenen Zimmer, die ihr Licht oft nur durch Türen mit Jalousien erhalten. Sind Fenster nach der Straße zu vorhanden, so sind sie durch sehr starke Eisenstäbe vergittert und die Räume gleichen Gefängnissen. Die Wände der hohen Zimmer sind kahl und weiß getüncht, das Mobiliar ist auf ein Minimum beschränkt. So wenig einladend diese Ausstattung ist, hat sie doch einen großen Vorteil, sie gewährt dem allerhand kriechenden Getier der heißen Zone, wie Skorpionen, Spinnen usw. keinen geeigneten Unterschlupf.

Bis vor wenigen Jahren war der Yukatan von einer Anzahl den Weißen sehr feindlich gesinnter Indianerstämme bewohnt, eine Feindschaft, die wohl auch ihren Grund gehabt haben mag, denn die Rachesucht der Eingeborenen Amerikas ist gewöhnlich erst durch die Rücksichtslosigkeit und schonungslose Unterdrückung von seiten des weißen Mannes entfesselt worden. Daß in dieser Beziehung auch in Mexiko viel gesündigt worden ist, wissen wir ja zur Genüge; eine bildliche Darstellung an einem Hause in Merida weist aber noch ganz besonders darauf hin. Das Bild stammt aus der Zeit der ersten Schlacht bei Merida mit den Spaniern und zeigt uns zwei spanische Krieger, die auf blutigen Indianerköpfen herumtreten; nach spanischen Berichten sollen in dem Kampfe 200 Spanier 40000 Indianer vernichtet haben, was ziemlich schwer zu glauben ist. Unter der beständigen Unsicherheit hat Merida viel zu leiden gehabt, diesen Zuständen ist aber durch energisches Vorgehen von seiten des jetzigen Präsidenten ein Ende bereitet worden; man reist jetzt in allen Teilen des Landes so sicher wie irgendwo anders. Die Bevölkerung kleidet sich fast durchweg in Weiß und befleißigt sich dabei der Einfachheit. Die Kleidung besteht beim Manne in der Hauptsache aus dem Uipil der alten Mayas, einem hemdartigen Gewand, das der vornehme Mann in die weißen Beinkleider steckt, während der Arbeiter dasselbe über die bis an die Schenkel aufgerollte Hose herabfallen läßt. Die Indianer- und Mestizenfrauen zeichnen sich ebenfalls durch eine sehr einfache aber nichtsdestoweniger nette und reinliche Toilette aus. Dieselbe setzt sich zusammen aus einem weißen Unterrock, der an den Hüften befestigt ist, und einem ganz ähnlichen Gewand, das von den Schultern bis zum Knie herabreicht; Mieder oder Strumpfbänder belästigen keine Yukatenerin. Je nach dem Stande sind diese zwei Kleidungsstücke mit Yukatanspitzen mehr oder weniger besetzt, die oft sehr kostbar sind und dann das Gewand außerordentlich reich gestalten; ein Spitzenreboso vervollständigt mitunter die zierliche Tracht. Die Yukatenerinnen sind meist von großer, eigenartig fesselnder Schönheit. Üppiges schwarzes Haar, lose gewunden und herrliche, tiefdunkle Augen, die so ausdrucksvoll und feurig zu blicken verstehen, bilden die Hauptzierden dieser reizenden, zierlichen Mädchen. Die Yukatenerinnen der besseren Klassen werden nach der strengen Sitte des Landes ebenso scharf bewacht wie ihre Schwestern im Orient; sie zeigen sich fast nie ohne Begleitung zu Fuß oder im Wagen auf der Straße und empfangen in der Wohnung nur Herren, die zu den allernächsten Familiengliedern gehören. Bei uns hört man oft über die Kreolinnen und Mestizen eigentümliche Meinungen äußern, und können wir uns daher nicht enthalten, zu bemerken, daß dieselben, wie auch die mexikanischen Damen im allgemeinen, allerdings ihre besonderen Ansichten über die Tugend haben, diese sind indessen so streng, daß sie allerwärts als Vorbild dienen könnten.

Mädchen aus Tehuantepec im Sonntagsstaat.

In bezug auf eigenartige Frauentrachten lohnt sich ein Besuch der Stadt Tehuantepec, wohin man von Coatzocoalcos im Golf von Mexiko mit der Eisenbahn gelangen kann. Diese Bahnlinie führt eine Verbindung mit Salina Cruz an der pazifischen Küste herbei, eine Landenge durchschneidend, die den kürzesten transkontinentalen Weg nördlich vom Isthmus von Panama bildet.

Etwa 20 Stunden südlich von der Stadt Merida befinden sich großartige Ruinen, von denen der noch ziemlich gut erhaltene Palast zu Uxmal besonders schöne Arichtektur aufweist. Als das Haus des Gobernadors wird derselbe bezeichnet; das Gebäude ist mit elf Toren versehen, die in das Innere führen. Charnay hat in einem 1884 erschienenen Werke: „Les anciennes villes du Nouveau Monde" eingehend über diese Bauwerke berichtet; die Ruinen scheinen jedoch im Jahre 1787, als Capitän del Rio die Stätte besuchte, noch besser erhalten gewesen zu sein. Dieser Forscher berichtete damals wie folgt: „das Gebäude steht auf einem 13 m hohen Hügel und mißt auf jeder Front 130 m. Die Gemächer, der äußere Gang und die Pfeiler sind mit Figuren in halbem Relief, mit Schlangen, Eidechsen usw. in Stuckarbeit geschmückt, neben welchen auch Bildsäulen von Menschen mit Palmen in den Händen und im Akte des Trommelschlagens und Tanzens dargestellt sind, die in jeder Hinsicht Ähnlichkeit mit den Verzierungen in den Ruinen von Palenque haben. Acht Stunden nordwärts von derselben Stadt befinden sich die Überbleibsel einiger

Palast zu Uxmal.

Havana, Castel Moro.

anderer Häuser, deren Zahl, je mehr man nach Osten kommt, zunimmt. In der Nähe des Flusses Lagartos steht in dem größten der freien Plätze der Stadt Mani ein kegelförmiger Pfeiler von Steinen, und südwärts erhebt sich ein sehr alter Palast, der dem von Palenque gleicht und welcher nach der vorhandenen Überlieferung bei der Ankunft der spanischen Eroberer von einem kleinen indianischen Monarchen namens Htulrio bewohnt war, der ihn den Franziskanern während des Baues ihres neuen Klosters zur Wohnung überlies. Die Erbauung des Palastes fällt in eine viel frühere Zeit als die des Htulrio, welcher auf die von seiten des Paters an ihn gerichtete Frage, wann er erbaut sei, erwiderte, „er wisse über den Ursprung desselben gar nichts, aber seine Vorfahren hätten ihn schon seit geraumer Zeit bewohnt". Also wir sehen, auch über den Ruinen im Yukatan liegt dasselbe undurchdringliche Dunkel wie über denjenigen zu Mitla und Palenque.

Am dritten Tage nach der Abfahrt von Veracruz erreichten wir die Perle der Antillen, Kuba, und fuhren an dem weit ins Meer vorspringenden Castel Moro vorbei in den prachtvollen Hafen von Havana ein (Bild 36). Wie ein Gemälde zog die so schön gelegene, lang am Ufer hingestreckte Stadt langsam an uns vorüber, ein Anblick, der alle Passagiere mit ungeteilter Bewunderung erfüllte. Dicht an den noch jetzt hoch aus dem Wasser emporragenden Trümmerresten des von den Spaniern in die Luft gesprengten Kriegsschiffes „Maine“ ließ der Dampfer in der Nähe des Quais die Ankerkette in die Tiefe rollen, den Passagieren die Möglichkeit verschaffend, einen kurzen Ausflug in die Stadt zu unternehmen. Wer Havana auf der Durchreise besucht, tut gut, wenn er sich zu diesem Zwecke einen kundigen Führer engagiert, da er sonst leicht durch die zahlreichen engen Straßen, welche am Hafen ausmünden, irre geführt wird und keinen richtigen Eindruck von der Stadt gewinnt*). Während der Wintermonate ist der Aufenthalt auf ganz Kuba ein sehr angenehmer und das Leben in Havana ein sehr fashionables. Die vielen Amerikaner, welche einige Monate in den herrlichen Kur- und Vergnügungsorten Floridas zubringen, wenden sich meist noch für einige Zeit nach Havana, bevor sie in die Heimat zurückkehren. Wer bei etwas längerem Aufenthalte auf Kuba die ganze Schönheit des Landes kennen lernen will, der möge sich ein wenig nach dem Innern der Insel wenden; er wird bezaubert sein von der malerischen Fülle der Landschaftsbilder, die ihn auf einer derartigen Tour umgeben.

Transportwagen auf Kuba.

*) Den Passagieren von Mexiko ist das Landen in Havana nur gestattet, wenn sie laut Konsulats-Attest gegen gelbes Fieber immun sind; andernfalls müssen sie eine fünftägige Quarantäne durchmachen.

Eine Fahrt mit der Eisenbahn nach Matanzas, die nicht viel Zeit in Anspruch nimmt, ist dringend zu empfehlen.

Wenn wir den Hafen von Havana wieder verlassen haben, bekommen wir während der nächsten 12 Tage kein Land mehr zu sehen, es sei denn, daß wir die Azoren-Inseln sehr nahe passieren. Dieser Teil der Reise gehört in den Wintermonaten zu den herrlichsten Seefahrten auf der ganzen Welt. Die Temperatur ist dann so wunderbar, daß man stundenlang, in einem bequemen Korbstuhl liegend, dahinträumen kann, ohne etwas Bestimmtes zu denken; das ewig wechselnde Spiel der Wellen wiegt uns ein in einen Halbschlummer, der nicht so fest ist, daß wir nicht alles um uns her wahrzunehmen vermöchten, der aber unsere Sinne so weit gefangen hält, daß alle weltlichen Sorgen uns nicht mehr berühren. Es sind Stunden der reinsten Glückseligkeit, die wir genießen. Wir verlebten an Bord jene unbeschreiblich schönen Tage, an denen es weder zu warm noch zu kalt ist, es umwehte uns eine so entzückende Luft, daß wir in Wonne schwelgten. Und ach, wie wundervoll waren die Abende! Der Sonnenuntergang, der oft in den tropischen Gebieten von unfaßbarer Farbenpracht begleitet ist, wirkte in dieser friedvollen Einsamkeit des unermeßlichen Ozeans gewaltig auf das Gemüt. Das Untertauchen des Tagesgestirns in die Fluten, vom ruhig dahintreibenden Dampfer aus beobachtet, hat et-

Tabakjäten auf Kuba.

was Überwältigendes, wenn die Wogen des Meeres wie in Blut getränkt erscheinen und die Wolken des westlichen Horizonts in Purpur und Orangerot erglühen.

Wenn am tiefdunkeln Himmel die unzähligen Sternbilder in ungewohntem Glanze funkelten, die ungeheuern Wassermassen rings um das Schiff dumpf rollten, da war in unserer Brust kein Raum für kleinliche Alltagsgedanken. Wenn wir an solchen Abenden, auf die Brüstung gelehnt, in die dunkle Ferne blickten und das blitzende Meerleuchten zur Seite des Schiffes bewunderten, dann erschloß sich gar manches Gemüt unserer Gefährten, die sonst im täglichen Verkehr eine rauhe Außenseite zur Schau trugen. Jene weihevollen Stunden wirken so nachhaltig auf das Menschenherz, daß deren Zauber uns noch umfängt in unseres Lebens letzten Stunden.

Dann kamen auch Abende, an denen das Promenadendeck von lauter Lust und Fröhlichkeit widerhallte; der liebenswürdige Kapitän und die Offiziere saßen dann in unserm Kreise, und Erzählungen lustiger Episoden aus dem Seemannsleben wechselten ab mit interessanten Mitteilungen aus den Erlebnissen der vielgereisten Männer. Volkslieder der verschiedensten Nationen wurden vorgetragen, jeder tat sein Bestes zur Unterhaltung der angeregten Gesellschaft, alles wurde freudig und dankbar hingenommen. Die Jugend erfreute sich am Tanz, und das leichtlebige Völkchen steckte die Alten mit an.

Einige Tage stürmischen Wetters brachten Abwechslung anderer Art in unsere Seereise. Für alle, die seefest sind, beginnt bei bewegter See erst der richtige Genuß der Fahrt. Wenn der Dampfer wochenlang fast ohne jede Bewegung dahingleitet, so ist dies natürlich für diejenigen Passagiere, die leicht seekrank werden, sehr angenehm, für die andern aber wird die Fahrt dann nach und nach ein wenig langweilig, etwas stürmisches Wetter ist da recht willkommen.

Der Aufruhr der Meereswogen ist eins der großartigsten Naturschauspiele. Wenn das Schiff beginnt, sich langsam majestätisch auf- und niederzuheben, die Wogen sich haushoch auftürmen, dem Dampfer entgegenrollen, so daß es den Anschein gewinnt, als würden sie sich im nächsten Augenblick über das Schiff stürzen, dann erhält man erst einen richtigen Begriff von der Großartigkeit einer Reise auf See. Wir waren, bis wir die Azoren-Inseln passiert hatten, vom herrlichsten Wetter begünstigt gewesen, aber als wir nun in der Richtung auf Coruña immer mehr nordöstlich fuhren, kam es uns zum Bewußtsein, daß in Europa während des Vorfrühlings gewöhnlich nicht besonders schönes Wetter zu erwarten ist. Nachdem wir den 40. Breitengrad überschritten hatten, wurde es wesentlich kühler, und von den Passagieren zeigten sich nur noch sehr wenige auf dem Promenadendeck. Die Schwankungen des Schiffes waren nicht selten so heftig, daß wir uns genötigt sahen, immer Umschau nach einem geeigneten Stützpunkt zu halten; Betrunkenen gleich taumelten wir auf dem Schiffe herum, führten zwecklose Bewegungen aus und unterbrachen ziellose schnelle Schritte durch ruckweises Stehenbleiben und ungelenkes Balancieren. Dies alles trug nicht wenig zur Heiterkeit bei und bot die meiste Belustigung denen, die auf Liegestühlen ruhend, gut in Decken eingewickelt, den Aufruhr des Meeres am leichtesten ertragen konnten.

Es war ein großartiges Schauspiel, die hohen schaumgekrönten Wogen aus der Ferne heranrollen zu sehen, zu beobachten, wie sie sich an der stählernen Wandung des Dampfers brachen und am Bug mächtig emporspritzend über das Vordeck wegschlugen. Dann lief wohl mitunter ein leichtes Zittern durch den gewaltigen Riesen, der seinen Leib mit ungeheurer Kraft durch die in Aufruhr befindlichen Wassermassen zwängte, aber den schnellen Lauf eines solchen Kolosses vermag der Ansturm der Wogen nicht einen Augenblick aufzuhalten, die majestätischen Bewegungen der vieltausendpferdigen Dampfmaschinen werden nicht einen Moment beunruhigt. In unwandelbarer Ruhe steht der Kapitän, der an solchen wetterschweren Tagen freilich keine Stunde der Erholung kennt, auf der Kommandobrücke, kurzgemessene Befehle erteilend, im stolzen Bewußtsein, daß die sein Schiff bedrohenden Elemente ihm untertan sind. Nach einigen unruhig verbrachten Nächten wurden die Schwankungen des Dampfers wieder geringer, und am 16. Tage unserer Reise von Veracruz aus liefen wir für kurzen Aufenthalt in den Hafen von Coruña ein*).

Für den aus Tropenländern heimkehrenden Reisenden ist es eine Wohltat, daß die Dampfer nicht direkt nach den norddeutschen Hafenstädten fahren, sondern vorher in Portugal anlegen, denn der Übergang wäre, wenn wir in der rauhen Jahreszeit die Fahrt zurücklegen, zu unvermittelt. Vermag sich der Nordländer, der nie die Scholle seiner kalten Heimat verließ, die Wonne vorzustellen, die der Mensch unter den Strahlen einer beständig wärmenden Sonne, in einer Luft empfindet, die, von tausend Wohlgerüchen geschwängert, ihn kosend umfängt? Er ist es so wenig imstande, wie der Sohn des sonnigen Südens die Öde ermessen kann, in der eine von dichten Nebeln durchwehte, mit wässeriger Schneeschicht bedeckte Landschaft erscheint, über die der eiskalte Wind mit solcher Heftigkeit saust, daß wir bis ins innerste Mark erschauern. Alles was Fauna und Flora Üppiges und Großes hat, vereinigt sich in den Tropen, alles was den Menschen ernüchternd beeinflussen kann, steht dem rauhen Norden zur Verfügung. Ist es ein Wunder, wenn wir bei der Annäherung an Europas Gestade uns nachdrücklich bewußt werden, daß wir Nordländer von der Natur eigentlich recht stiefmütterlich be-

*) Die Prinzendampfer der Hamburg-Amerika Linie laufen neuerdings Santander an.

handelt worden sind. Ist etwas geeignet, dieses Gefühl lebhaft in uns aufkommen zu lassen, so ist es ein Vergleich zwischen einem März- oder Apriltag in Mexiko und einem solchen in Hamburg. Vereinigt sich hier in dieser Zeit alles, was geeignet ist, den Menschen trübe und melancholisch zu stimmen, so ist dort der Vorfrühling diejenige Periode, in der die Natur die Erde in verschwenderischster Weise schmückt, in der sich der ganze Zauber ringsumher entfaltet, den die wärmenden Sonnenstrahlen der Mutter Erde verleihen können.

La Coruña, um 10 Grade südlicher gelegen als unsere deutschen Hafenplätze, bildet eine angenehme Zwischenstation nach dem Norden; obgleich hier meist ein kühles und regnerisches Klima herrscht, so ist es dennoch im Winter noch mild zu nennen. Coruña ist die Hauptstadt der gleichnamigen spanischen Provinz und hat eine historische Bedeutung insofern, als Philipp II. im Jahre 1588 in diesem Hafen seine „unüberwindliche Flotte" versammelte, die jedoch nicht zu verhindern vermochte, daß zehn Jahre später die englische Flotte unter Drake und Norris die Stadt eroberte und zum größten Teile verbrannte. Coruña, auf einer Landzunge sich ausbreitend, ist schön gelegen und baut sich mit der oberen alten Stadt, die von Mauern umgeben ist, und dem unteren Teile, La Pescaderia, der aus einem Fischerdorfe herauswuchs, recht malerisch auf. Zwei der vorhandenen fünf Forts schützen den Eingang in den halbmondförmigen Hafen, der durch den angeblich von Trajan erbauten Herkulesturm beleuchtet wird. Es lohnt sich, den kurzen Aufenthalt in Coruña zu einem Ausfluge in die hübsche untere Stadt zu benutzen, die dem wohlhabenden Teile der Bevölkerung als Wohnung dient. Der Verkehr im Hafen ist sehr bedeutend, da regelmäßige Verbindung mit allen spanischen Häfen sowie Havana und den südamerikanischen Staaten besteht.

Weiter nördlich geht nun die Fahrt, und drei Tage später befinden wir uns auf französischem Boden, in Havre, bekanntlich einem der bedeutendsten Häfen der Welt, den die meisten Touristen bei ihrer Reise um die Erde schon auf der Fahrt nach Ägypten kennen lernen. Hier waren wir in ein abscheuliches Regenwetter hineingeraten, und der kalte Wind drückte unsere südfröhliche Stimmung ganz bedeutend herab; es bedurfte der französischen Leichtlebigkeit dieses Welthafens, unsere frostige Laune um einige Grade zu verbessern. Wie in allen großen Hafenstädten herrscht in Havre ein ziemlich loses Treiben, aber auch an Vergnügungen für den Gebildeten fehlt es nicht. Dieser mächtige Handelsplatz, der die stattliche Ziffer von 2000 Millionen Franken an jährlicher Ein- und Ausfuhr aufweist, birgt in seinen Mauern viel Sehenswertes, und der Hafen, aus zehn Bassins bestehend, mit Anlagen, die zu den besten der Welt gehören, bietet Raum für 500 Schiffe.

Am nächsten Tage zeigten sich die in weite Ferne hinausleuchtenden Kreidefelsen der englischen Küste, die Nähe des Hafens von Dover anzeigend. Ein nicht unbedeutender Teil unserer Mitreisenden verließ uns daselbst, um sich in das große Inselreich zu verlieren, während wir über den Kanal der nahen Heimat zustrebten. Der letzte Abend vereinigte den Rest der Passagiere nun an der reduzierten Tafelrunde, und fröhlichere Stunden sind wohl selten verlebt worden, als es jene waren, die wir zuletzt noch in geselligem, kleinen Kreise bis spät in die Nacht hinein verbrachten. Wir wußten wohl, daß am nächsten Tage im Hasten der Vorbereitungen für die Landung in Cuxhaven von Geselligkeit keine Rede mehr sein konnte, und daß unsere Freunde, einmal an Land gelangt, sich sofort nach allen Richtungen hin verstreuen würden — vielleicht auf Nimmerwiedersehen. So waren es denn die letzten gemütlichen Stunden an Bord des „Prinz August Wilhelm“, die wir mit einem Hoch auf die Hamburg-Amerika Linie feierten, auf deren Dampfer wir zum Schluß unserer Weltreise eine so herrliche Zeit verlebt hatten. —

Meine Reise ist nun zu Ende, und manches wird in der Erinnerung nach und nach verblassen, aber die Sehnsucht nach der Schönheit der Palmenwälder, der Farbenpracht der tropischen Flora wird für immer in meiner Seele zurückbleiben und an stillen Winterabenden am Kamin stets von neuem wieder aufleben. Die Erinnerung an so manchen während der Reise empfangenen Beweis von Freundschaft und Liebe wird mich umschweben in den kommenden einsamen Stunden des Lebens, wie ein süßer Duft, herübergeweht aus weiter, weiter Ferne. —

Zeitfracht Medien GmbH
Ferdinand-Jühlke-Straße 7
99095 Erfurt, Deutschland
produktsicherheit@kolibri360.de